# Usa mi vida para tu gloria, Señor Jesús

Dora Elia Segura

EDIQUID

USA MI VIDA PARA TU GLORIA, SEÑOR JESÚS
© Dora Elia Segura


Editado por: Corporación Ígneo, S.A.C.
para su sello editorial Ediquid
José Olaya 169, Ofic. 504, Miraflores. Lima, Perú
Primera edición, enero, 2025


ISBN: 978-612-5184-19-1

Hecho el Depósito Legal en la Biblioteca Nacional del Perú N° 2024-12855


www.grupoigneo.com
Correo electrónico: contacto@grupoigneo.com | Teléfono: +51 955 071 270
Facebook: Grupo Ígneo | X: @editorialigneo | Instagram: @grupoigneo





Colección: Nuevas Voces

# Contenido

# Capítulo 1



Mi nombre es Dora Elia. Mis seres queridos siempre me han llamado Dorita. Nací en Saltillo, Coahuila, México, en el año 1948. Fui la segunda de cuatro hermanos. Mi madre fue una guerrera valiente, una mujer fina y educada que nació en pañales de seda, razón de su finura y educación; pero no era delicada, sino enérgica, parecía una generala. Fue una mujer con metas muy altas en la vida, no se doblaba fácilmente ante la adversidad. Su fe fue grande aun sin conocer al verdadero Dios.

Fue una mujer trabajadora y sacrificada. Intensa con sus amores, sus metas, sus hijos. Recuerdo que siempre decía: «No sé cómo le voy a hacer, pero ustedes tienen que estudiar». Yo, muy niña aún, pensaba: «Mamita, no tenemos ni para comer, ¿cómo vamos a estudiar?». Sin embargo, su fe y su determinación no flaqueaban.

Siendo hija única, mi madre había tenido una niñez colmada de alegría y rodeada del cariño de sus padres. En su hogar había abundancia; siempre había pan recién horneado, e incluso tenían criados, algo que era costumbre en la época entre las familias acomodadas. Sin embargo, su vida dio un giro inesperado cuando su padre conoció a otra mujer y decidió romper su familia.

Ante una situación de semejante magnitud, su padre, mi abuelo, le ofreció a mi abuela la opción de elegir la mitad de las propiedades familiares y continuar con el matrimonio como fachada. Ella, por dignidad, decidió abandonarlo y llevarse a su hija. Mi madre pasó de la abundancia a conocer la pobreza extrema. La situación fue tan difícil que mi abuela, abrumada, fue perdiendo paulatinamente la razón.

Los años pasaron, y mi hermosa madre tuvo que vivir una vida de trabajo, sufrimiento y sacrificio. Para fines de 1947 ya había tenido a su primer hijo, mi hermano mayor, José Luis, hacía dos años. Mi madre descubrió entonces que se encontraba nuevamente embarazada. Decidió acudir a un médico para interrumpir aquel embarazo. Sin embargo, la mano de Dios tocó a aquel doctor, y este, en lugar de administrarle un fármaco abortivo, le administró vitaminas, que me fortalecieron dentro de su vientre. Llegué al mundo el 28 de junio de 1948 y, a pesar de las circunstancias, mi madre me amó profundamente.

Con sus hijos a cuestas, mi reina tuvo la necesidad de trabajar, dedicándose mayormente a lavar y planchar ropa en casas.

En aquellos tiempos, nos quedábamos solitos en casa mi hermano Pepe y yo, ya que mi madre no tenía a nadie que pudiera cuidarnos. Como todos los buenos hermanos, nos peleábamos mucho. Mi hermano y yo llevamos una infancia de pleito, no sé por qué. Cuando mi madre se iba a trabajar y nos quedábamos solos, él siempre encontraba alguna razón para pegarme, pero limpio no se iba. Nos agarrábamos los dos como fierecillas. Casi siempre él ganaba, lógico, era más grande y fuerte, pero no siempre. En una ocasión le puse la pata como globo y le aventé una chancla.

En esos momentos yo pensaba —y siempre pensé— que mis hermanos, sobre todo José Luis, sentían celos por el amor que me tenía mi madre. Ella y yo fuimos siempre como hermanas, amigas, confidentes. Tuvimos una relación hermosa desde que era niña. Cuando fui creciendo y aumentó nuestra confianza, ella me contó sobre su vida desde que nació. Nos amábamos mucho. Para ella yo era —y siempre traté de ser— la hija perfecta; siempre me puso de ejemplo para mis hermanos, a los que, claro, les caía gorda por este motivo. Mi madre tuvo un cariño especial para mí, siempre, hasta que el Señor la tomó. Nunca jamás me pegó, ni me estiró el cabello o las orejas; sí me llegó a regañar unas pocas veces, pero pegarme, jamás. Mi hija Lizbeth y yo llevamos una relación muy bonita, pero nunca como la de mi madre y yo.

En esta etapa de mi infancia, conocimos la pobreza extrema. Fueron tiempos muy difíciles para mi madre, en los que había días en que nos levantábamos en la mañana y no teníamos ni una moneda de 10 centavos, que era lo que costaba un sobre de café. Sin embargo, ¡gloria a Dios! Testifico que siempre nuestro Señor Jesucristo nos mandaba ríos de bendición por medio de diferentes personas, y jamás nos quedamos un día sin comer.

La vida se hacía muy difícil; mis hermanos y yo andábamos descalzos, pero no solo nosotros, sino la mayoría de nuestros amigos, vecinos o compañeros de la escuela. Sin embargo, aunque estuvo marcada por carencias y responsabilidades, mi niñez fue como la de cualquier niña. Fui inmensamente feliz, con el cariño de mi madre, mis amigas, y una infancia llena de juegos.

En el barrio había muchísimos niños. Jugábamos todas las noches a las rondas: a las rondas de San Miguel, al Lobo Lobito, a la Cuerda, a la Víbora de la Mar, entre otros tantos... Eran cosas simples y hermosas de la infancia, y éramos muy felices a pesar de las dificultades.

Era una niña muy disciplinada. Ya he mencionado que mi madre era como un general. Yo no andaba jugando como todas mis amiguitas, que andaban fuera desde las seis de la tarde. A mí me dejaban salir después de cenar. Cuando salía, mi madre me decía: «No te voy a gritar, Dora Elia; cuando me veas parada en la puerta, inmediatamente te vienes». Así, apenas veía salir a mi madre, les decía a las otras niñas «nos vemos», y volaba hacia mi casa.

Fui una jovencita muy amiguera, aunque también fui algo peleonera. Recuerdo que tendría unos cinco años y me peleé con una vecinita que tendría unos ocho. No recuerdo por qué, pero nos peleamos feo. Ella me aventó al suelo, yo me levanté y me colgué de la cola de caballo que traía ella, y nos caímos las dos. Ella comenzó a llorar muy fuerte y salió su abuelita con su bordón a correrme. Yo salí corriendo y me escondí en mi casa; mi mamá no estaba, estaba trabajando, y la viejita a la fuerza me quería sacar. No pudo, y cuando llegó mi mamá y le dieron la queja, ella les dijo: «Déjeme hablar con ella». Yo le platiqué todo como pasó, nunca le mentía a mi madre. Ella no me pegó ni me regañó, solo le dijo a la viejita que también me había tumbado su nieta.

Cuando era niña y solo estábamos Pepe y yo, anhelaba un hermano o hermana menor. Mi madre había conocido a una persona, y procrearon juntos un hijo. Fui la niña más feliz del mundo cuando llegó, me volví loca de alegría. Yo tenía 8 años cuando nació, y mi madre lo llamó Jesús. Desde el primer momento lo amé y lo cuidé, pero también lo embracilé como a nadie en mi vida. Tanto que, en ese momento, en el que teníamos baños de pozo, fuera de la casa, no podía ir yo ni al baño sola, tenía que llevarlo cargado. Me decía mi abuelita en ese entonces: «Se te va a caer ese muchacho en el pozo, déjalo aquí, aunque llore». El pequeño no me dejaba, se me agarraba fuerte del cuello y no me quedaba más remedio que quedarme con él en brazos.

Mi madre tuvo que salir a trabajar al poco tiempo del nacimiento de mi hermanito. En ese tiempo, se dedicaba a lavar y planchar ropa en las casas ricas, un trabajo muy mal pagado y bajo condiciones muy duras. En aquellos años, la gente era muy agresiva con el personal del hogar. Las personas que la empleaban eran muy groseras con ella. Le daban tres o cuatro playeras por una pieza, no sé cuántos calcetines por una pieza. Esto hacía que tres docenas de prendas se convirtieran en seis. Cada docena se la pagaban a tres pesos, por lo que trabajaba todo el día y llegaba en la noche, bien cansada y con muy poco dinero.

En aquellos tiempos, yo cuidaba a Jesús —Chuy, como lo llamaríamos siempre— en la mañana, y mi hermano en la tarde. Cuando mi hermano tenía un año, yo cursaba el cuarto año en la escuela primaria Joel Rocha, y él me lloraba mucho cuando me iba a la escuela; no quería quedarse con mi hermano mayor. Chuy se quedaba llorando, y yo también me iba llorando a la escuela.

Un día me regañaron en la escuela por llegar tarde. La maestra me preguntaba el motivo de por qué sucedía tan seguido y me dijo que mandarían a llamar a mi mamá. Un día le confesé que yo ya no quería estudiar, quería quedarme en casa a ayudar a mi madre y cuidar a mi hermano. Mi maestra dijo: «Voy a hablar con tu mamá». Yo le dije: «No, no le diga», y me mandó llamarla para hablar.

Ante esta circunstancia, tuve la necesidad de plantearle este tema a mi madre. Ella siempre buscaba una disculpa por las consecuencias de mis malas calificaciones. En esta ocasión, le manifesté que ya no quería ir a la escuela. Ella, con una voz enérgica, me contestó: «De que vas, vas, si es necesario a cintarazos, pero vas a estudiar». Esa misma semana le mandaron llamar por este motivo, y la maestra aprovechó para informarle que era muy probable que repitiera año, que iba muy mal. Mi madre le contestó que, si era necesario que así fuera, que adelante. Ella no hubiese permitido jamás que abandonase la escuela, aunque tuviese que volver a cursar el año.

Mi hermosa madre era una mujer muy sabia. A pesar de que mis calificaciones eran de cinco o de seis, en general, ella nunca se preocupaba. Mi hermano sacaba siempre primeros lugares, y ella se sentía muy orgullosa de José Luis. Pero jamás nos comparaba, e incluso me decía: «No, mi hijita, ahorita está chiquita, ya de más grande le va a ir bien. Yo la voy a ayudar». Nunca me regañó, y mucho menos me hizo sentir mal por las buenas calificaciones de mi hermano.

Pronto llegó el fin de año escolar y fuimos por la boleta. Grande fue nuestra sorpresa cuando nos notificaron que había sido aprobada. Me dice mi madre: «Mira, hija, la maestra se equivocó y te puso aprobada». Yo vi mi calificación y me dio mucho gusto, sentí un gran alivio. Le dije a mi reina: «Córrele, mamita, córrele antes de que se dé cuenta mi maestra». Se para en seco mi madre y me dice: «No, Dora Elia, vamos con la maestra para decirle que se equivocó». Yo le insisto: «No, mamita, ya ni modo, córrele». Claro está que nos regresamos, y mi madre le dice a mi maestra que se había equivocado, que me había aprobado. Yo quería llorar, «estuvo tan cerca», pensaba. La maestra le dice a mi madre: «Señora, se me pasó explicarle que el director y yo estudiamos el caso de su hija. Es muy buena para las matemáticas, por tal motivo, dijo el director, no la vamos a detener, se va a quinto año». Esta fue otra gran bendición de Dios en mi vida.

Siendo niños José Luis y yo, hubo necesidad de que saliéramos a trabajar. Mi hermano boleaba y yo vendía unas flores que hacía mi madre y otras cosas para ayudar en la casa. Iba sola caminando, vendiendo aquellas flores, desde Ruiz Cortines hasta la calzada. No había tanta maldad como hay ahora, y era muy común que los niños estuviesen solos trabajando por las calles. Me llevaba una cajita llena de flores, se veían bien bonitas. Las vendía a dos cincuenta, o a tres, o a cuatro, según la cara. Incluso había una señora de la Progreso que me las compraba a cinco, y tenía, según ella, la casa llena de flores. Incluso llegué a pedirle a mi madre que consiguiera nuevos colores para vender más. A mí las flores nunca me habían gustado. Sin embargo, coincidía con la gente cuando decían: «¡Ay, qué hermosas!». Mamá las hacía, tenía unos moldes para ello; eran de un material llamado cloroflex, como de plástico. Mi madre era muy habilidosa.

Yo tenía unos diez años; a tan temprana edad, sin embargo, descubrí un don que Dios me otorgó para las ventas. Dependiendo de cómo veía a la persona a la que le iba a vender, así decía que costaba la flor. Si veía a un hombre trajeado, bien vestido, por ejemplo, se las ofrecía un poquito más caras. De esa manera, podía llevarle más dinero del que se esperaba a mamá de la venta total de esas flores al final del día.

También vendíamos unas telas que sacaba mi tío Pedro de Celulosa y Derivados. Había dos tipos de telas, una como popelina y otra como afelpadita. De la fábrica nos las vendían una a uno cincuenta la tira y la otra a tres pesos. Debíamos venderlas a tres y cinco pesos respectivamente. Yo, sin embargo, para llevarle un poco más de dinero a mi madre, las vendía a cuatro y seis pesos. Las vendíamos casa por casa, en nuestra colonia o en la Progreso. Cuando salíamos, mi madre ponía a Pepe a que las cargara y a mí a que las vendiera, pero mi hermano era muy largo; tan pronto como dábamos la vuelta a la cuadra me las daba y me decía: «Si le dices a mamá, te pego».

Y así fuimos creciendo, y le decía yo a mi madre que ya quería tener quince años. Ella creía que era porque quería andar yo de novia o ir a los bailes. No eran esos los motivos de mi prisa. Yo quería poder trabajar para que ella ya no trabajara, porque yo la veía como ya estaba cansada. Quería crecer, tener un buen trabajo y hacer como el cuento de los tres cochinitos: yo quería dinero y sacar de la pobreza a mi madre. A mis doce años, surgió una gran meta en mi vida, la de comprarle una casa a mi madre. En esos años, durante las vacaciones escolares, me dedicaba a trabajar como sirvienta en casas de familia.

Fue en esta etapa de mi vida cuando aprendí a vivir por metas, viendo la necesidad que padecía ella, mi reina. Fueron varias las metas que se trazaron en mi corazón siendo yo niña: ser maestra, comprarle una casa a mi madre, que mis hermanos estudiaran, que a mi reina no le faltara nada, hacerla feliz, que no derramara ni una lágrima más, obedecerla, no permitir que mis hermanos le faltaran el respeto o la hicieran enojar. Glorifico a Dios porque casi todas se cumplieron.

# Capítulo 2



*El que tiene mis mandamientos, y los guarda, ese es el que me
ama; y el que me ama, será amado por mi Padre, y yo le amaré,
y me manifestaré a él.*
JUAN 14:21

Terminé la primaria con una gran ilusión de ir a la escuela secundaria. Tenía muy claro qué quería estudiar, ya desde muy pequeña anhelaba ser maestra. Sin embargo, mi madre, apremiada por la necesidad de que consiguiera rápidamente un buen trabajo, me dijo que le escribiera a mi padre —que nunca se había hecho cargo de su responsabilidad como tal— para que yo pudiera estudiar una carrera comercial. Querían que fuera secretaria. Ella me hizo la carta y se la mandamos. Mi padre contestó, sorpresivamente, que sí me iba a apoyar, y comenzó a enviarme un dinero mensual para que estudiara en Comercio.

Todavía recuerdo ese día en que mi madre me fue a inscribir al instituto Libertad. Yo iba llorando y diciendo que no quería ser secretaria. Mi madre, inflexible, me decía: «Necesito que trabajes pronto, para que me ayudes, porque tu hermano va a estudiar para ser ingeniero industrial y es preciso apoyarlo». Llegamos, y nos recibió Miss Ma. del Refugio Bocanegra, dueña de la escuela. Me miró y le preguntó a mi madre: «¿Por qué llora la niña?». Y mi madre le explicó entonces que yo no quería estar allí, que quería ir a la secundaria y ser maestra. Miss Bocanegra intentó convencerme sin éxito, diciéndome cosas como: «¡Qué feo ser maestra, con los niños todos mocosos, llenos de piojos, con zizotes, ¡qué feo! En cambio, una secretaria siempre trae un uniforme bonito, elegante, está en una oficina con clima, ¿cómo ves?». A mí no me importaban esas cosas. Le contesté: «Esto no me gusta, yo quiero ser maestra». Ella le dijo entonces a mi madre: «Señora, piénselo bien, porque va a ser difícil para ella porque no le gusta, pero también para nosotros. Dele la oportunidad de que estudie lo que ella quiera». Mi madre, sin embargo, dijo: «Se queda», y me quedé.

Estudié los primeros dos años de día. El tercer año, ya no me apoyó económicamente mi padre porque mis calificaciones eran malas; no me gustaba para nada. Sin embargo, mi madre insistía en que debía terminar Comercio, y tuve la necesidad de trabajar de día y estudiar en la noche. Al fin llegó ese día soñado, anhelado por tantos años: mi primer trabajo formal. Fue un breve tiempo antes de cumplir mis 14 años, lo recuerdo muy bien porque en esos meses nació mi hermana más pequeña, Maricela. Para esos momentos, mi madre ya estaba muy mala del reumatismo y, con una bebé recién nacida, le era imposible trabajar.

Hablé con ella y le dije muy seriamente: «Llegó mi tiempo, madre, usted ni un día más trabajará». No podía seguir viéndola sufrir, y mucho menos ser maltratada como lo era por sus empleadores. Lo cumplí. Ganaba muy poco dinero en ese entonces, unos 25 pesos por semana. Actualmente parece poco dinero, pero en aquel entonces eran como 250. Con este dinero podía comprar el mandado básico: maíz para hacer tortillas, frijol, manteca, arroz, leche, sopa de pastas, jabón y otras cuantas cositas. Además, le dejaba a mi mamá dos pesos para el molino. Sin embargo, no me alcanzaba para pagar la renta. Una vez nos corrieron de la casa donde vivíamos y nos fuimos a vivir con un tío, mi tío Pedro Barajas, a la Colonia Pedro Lozano, por la calle Ruiz Cortínez. Sin pagar renta, se acabó la pobreza extrema y nunca más nos faltó de comer, ya que podíamos acomodarnos mucho mejor. Gracias a Dios por ello.

Además —con muchísimo sacrificio—, yo guardaba un dinerito por semana para cualquier emergencia que pudiera surgir. Tenía una hermanita recién nacida y un hermanito de 6 años. Yo pensaba: si se me enferman, ¿a quién le pido? No había padre, abuelos o tíos que nos ayudaran. Aunque existía ya en nuestro país la salud pública, y había Centros de Salud que no cobraban, los medicamentos sí había que comprarlos. Sin embargo, nuestro Dios nunca nos dejó caer en la desesperación.

Un breve tiempo después de mudarnos a la casa de mi tío, me desocuparon del trabajo. Era un sábado y, gloria a Dios, el lunes ya había conseguido otro. Mi nuevo empleo consistía en vender promociones por las calles, de marcas como Colgate y Palmolive. Aquí me pagaban el salario mínimo, ganando $119 por semana. Otra vez bendecida, gracias al don que Dios me ha otorgado, fui líder en ventas y me daban un sobresueldo. Ganaba unos 150 o 170 pesos por semana en total.

¡Me sentía rica! Lo primero que compré con mi nuevo sueldo, aparte del mandado de la semana, fueron zapatitos y calcetas para mi hermanita. Maricela tenía casi un año y no sabía usar zapatos. Ya daba pasitos, agachadita, y daba mucha ternura verla. Era una niña muy lista, ya caminaba y hablaba desde muy chiquita. Cuando le pusimos sus nuevas calcetas y sus zapatos, avanzaba mirando sus zapatitos nuevos y decía: «¡ía, ía, qué alegría!». Fue una experiencia hermosa. Se agarraba de las cosas y levantaba las patas. Se tambaleaba hacia nosotros hasta que la agarramos, y mi madre le dio una manita a cada uno y le levantaba los piecitos para caminar. ¡Qué chistoso!

La siguiente semana, le compré a Chuy, mi tercer hermano, algo de ropa y unos zapatos. Dibujé la silueta de su pequeño pie y se los compré en ese tamaño. Sin embargo, no le quedaron, y nunca me acordé de dónde los había comprado, así que no le sirvieron. También le compré zapatos a mi madre. ¡Qué felicidad! Éramos casi ricas, todas traíamos zapatos. Mi hermano mayor también trabajaba en la venta de promociones conmigo, pero como supervisor. Con su sueldo se costeaba sus estudios, su ropa y sus gastos, y no daba nada a la casa por ese motivo.

Para este tiempo, yo ya había casi terminado la carrera comercial, que había estudiado a regañadientes con Miss Bocanegra.

Digo casi, porque en el mes de junio dejé de ir al instituto, ya que debía algunos meses. Me estaban cobrando lo del examen con sinodales y, sobre todo, el gran festejo de la graduación. Se hacía una graduación hermosísima en aquellos años, pero salía muy cara. Y yo ya no tenía dinero porque ya no nos mandaba mi papá y, con mi trabajo, me hacía cargo de todos los gastos en mi casa.

La maestra Bocanegra fue a hablar con mi mamá, ofreciéndole que ella pagaría por todo; solamente debíamos firmarle un pagaré. Yo estaba cerca de cumplir los quince años. Incluso, la maestra me mandaría a hacer un vestido blanco, ancho, muy bonito, con una capa tipo reina y con una corona, con sus zapatos a juego. La graduación de Comercial se hacía en una iglesia, era una graduación donde toda la colonia se reunía. A mi madre le dio mucho gusto este ofrecimiento. Me dijo entonces: «Ve, hija, que sea tu fiesta de 15 años tu graduación, ¿cómo ves?». Le contesté: «No, no quiero». No me parecía bien. Me insistieron mucho las dos, pero no acepté. Yo nunca quise trabajar de secretaria.

Cuando regresé de trabajar ese día, vi a mi madre un poco molesta conmigo. Me dijo que la había hecho quedar mal ante Miss Bocanegra. Yo le contesté: «Mamita, claro que sí me gustaría mucho ir a mi graduación, pero me voy a endeudar por mucho tiempo, apenas estamos saliendo, madre». Era cierto, y no iba a cambiar mi parecer.

La promoción para la que trabajábamos finalizó un sábado, y —nuevamente bendecida— el lunes ya tenía trabajo en una compra. Se preguntarán, ¿qué es una compra? Bien, les explico: son negocios donde se compra todo tipo de desperdicios como papel, cartón, palos de escoba, fierro, cobre, aluminio, vidrio, botellas… todas aquellas cosas que la gente desecha y hoy se llaman «reciclables». Nuestros clientes eran los pepenadores y las trocas que recogían la basura.

El dueño de la compra se llamaba Don Jesús Ma. Maldonado Santos. Era un gran hombre. Cuando comencé a trabajar con él me daba $50 diarios, un sueldo considerable en comparación con el anterior. Incluso había días que me sobraba dinero. Esto fue creciendo muchísimo, tanto que un tiempo después me daba $500 y luego hasta $1000 diarios. ¡Qué bendición más grande! Me llegó a dar hasta $3000 diarios. De hecho, la bodega era insuficiente para la cantidad de material que había, y ya casi no cabíamos. No era un trabajo sencillo; se trataba de una labor cien por ciento física, que en general hacían los hombres. A veces me tocaba llenar tambos de 200 litros de vidrio molido, con una pala. Por momentos era un trabajo sumamente pesado, y tan pesado fue que incluso me trajo algunos problemas de salud. Uno de mis ovarios se secó por todo ese esfuerzo físico que hice durante todos esos años que trabajé en la compra. Sin embargo, Dios me bendijo y esto no impidió que, años más tarde, trajera a mis hijos al mundo.

En la compra me iba bastante bien, seguía ganando dinero y pude sacar a mi madre de la casa de mi tío Pedro. Había una prima de mi madre que vivía junto a la casa de mi tío, y mi madre y ella discutían muy seguido por diferentes causas. Un día, le dije a mi madre: «¿Sabes qué? Búscate una casita, ya tengo con qué pagar renta». Y ahí vivimos muchos años, muchos, muchos años. Renté un tejabán y, bendigo a Dios, tuvimos abundancia: mi hermano mayor terminó la secundaria y la preparatoria; iba a la universidad a estudiar ingeniería industrial. Mis hermanos chiquitos iban creciendo sanos y fuertes. Pero me faltaba algo. Mi gran anhelo, mi sueño de ser maestra, seguía sin cumplirse.

Solicité permiso a mi madre para que me dejara estudiar la secundaria para cumplir mi sueño de ser maestra. Le dije un día «madre, quiero estudiar secundaria de noche». «No, me dice, no, ¿qué estudiar? ¿Quieres andar de loca? ¿Y andar de novia? No, señorita, nada de estudiar. Ya estudió y si quiere trabajar de algo, busque de secretaria». No contradije a mi madre, aunque fue doloroso recibir esa negativa. Considero que fui siempre una hija obediente, me sometí a la autoridad total de mi madre. Mi meta siempre fue que no le faltara nada, que no sufriera, mucho menos que derramara una lágrima. Bendiciones cumplidas, gloria a Dios.

Fueron años hermosos, pobres pero hermosos, esforzándome por cumplir mi meta de que mi madre tuviera siempre lo necesario. Recuerdo que mi primer regalo para ella fue un sillar de madera malinche y una plancha. Le compré luego una cama, un tocador y un guardarropa. A ello le siguieron lavadora, estufa, comedor, gabinetes… todo lo necesario para mi reina. También le hice otros regalos; a ella le gustaba mucho la ropa, los zapatos o guaraches de acuerdo con la estación, y mi Señor me permitió cumplirle todos sus deseos. Y, por sobre todas las cosas, le di a mi madre mucho amor. Y así, poco a poco, fui amueblando su casita. Bendito sea mi Dios.

Además, con mi trabajo, logré que todos mis hermanos estudiaran. Mi hermano mayor terminó la prepa y entró a ingeniería. José Luis dependía al 100 % de mí, nunca pudo trabajar por sus estudios. El más chiquito estaba en secundaria, luego entró a la preparatoria y luego quería estudiar medicina. Para cuando entró a medicina, yo ya me había recibido de maestra. La más chiquita estaba en la primaria. Fueron siempre muy buenos estudiantes.

Sin embargo, y a pesar de todo esto, y de que yo era el único sostén de la casa, por amor me sometí a la autoridad de mi madre. Cumplí los 16, los 17, y a los 18 continuaba trabajando en la compra. Un día, platicando con mi jefe, el señor Maldonado, le comenté sobre el gran deseo que tenía de estudiar la secundaria, pero que mi madre no me lo permitía. Él se quedó callado por un momento y me dijo: «Eso es injusto, ¿cómo que todos tus hermanos estudian y tú no? O sea, a ti te quieren como el burro que nada más trabaja. El día que ya estén grandes, ellos van a ser profesionistas y tú no vas a ser nada más que una papelera. Y te van a dar con la puerta en las narices. ¿Crees que te van a querer mucho? Un hermano pobre cae gordo en todas partes». «Ay, don Jesús —le contesté—, ¿cómo cree que así van a ser mis hermanos? Si ellos saben que yo soy quien los está ayudando». Don Jesús me dice: «Ay, hija, tú qué sabes de la vida. Les vas a caer gordo, te van a dar con la puerta en las narices porque vas a estar amolada. No es justo, dile a tu mamá que voy a ir a hablar con ella».

Le comenté a mi madre todo esto y me dice: «No, que no venga ese señor, ¡carambas, Dora Elia!». Algo cambió en ella, y obviamente jamás llegó a hablar con el señor Maldonado. Me llevó esa misma semana a pedir información a la escuela secundaria Nacional Presidente Calles, y quedé inscrita. Tenía 18 años cuando por fin comencé a estudiar en la escuela secundaria. Por esa época ya me iban a pedir en matrimonio, pero yo no podía casarme, porque todos mis hermanos estudiaban y dependían de mí.

En la secundaria me iba muy bien, era lo que siempre había querido hacer, así que me esforcé en ser una excelente estudiante. Sin embargo, tuve algunos problemas con un maestro que me era antipático en gran medida. No quiero mencionar ahora su nombre, solo diré que tuve problemas con él. Era ingeniero de profesión, y lo apodábamos «la mecedora» porque era chueco. En el último examen, este maestro dijo haber perdido mi hoja y me reprobó.

El maestro de matemáticas, el profesor Félix Garza Canales, a quien tenía en gran estima, me ayudó en aquella ocasión. Habló con la directora, y ella me puso un examen nuevo, hecho por el maestro molesto. Antes del examen me dice este profesor: «Le hice un examen especial», y se ríe. Fue extremadamente difícil, aunque de suerte no le saqué el 100, pero saqué 96 y tuvo que aprobarme. Terminé la secundaria, gracias a Dios, con un buen promedio; y saqué el primer lugar en matemáticas. Mi promedio general fue 97 o 98, ¡gloria a Dios!

El profesor Garza Canales sabía que yo quería ir directo a la Normal para estudiar y ser maestra. Un día me dijo: «Dora, tú entras a la Normal Miguel F. Martínez sin examen, por tu promedio, pasas». Era una gran noticia, ya que desde aquellos años muchos aspirantes se quedaban fuera. Entrar a la Normal del Estado siempre ha sido difícil, los cupos eran muy reducidos. Sin embargo, los que salían con un promedio de arriba de 95 en la secundaria entraban sin examen. Con todo el dolor de mi alma, tuve que contestarle: «No puedo, maestro. Yo trabajo, sostengo mi familia, tengo que estudiar de noche». El maestro intentó convencerme, y me dijo: «Dile a tu hermano que te dé la oportunidad de estudiar dos años, que mientras él se haga cargo de la familia». Yo sabía que José Luis jamás haría eso. Le contesté al profesor, con mucho pesar: «No, maestro, no puedo. Él es un excelente estudiante». No quise ni mencionar eso en mi casa.

Me fui a una normal nocturna de cooperación, el Centro de Estudios Universitarios (CEU). Me cobraban 80 pesos mensuales. Eran como 800 de ahora; era mucho dinero.

Estudié el primer año, pero el segundo ya no pude. Se me hizo muy pesado el pago, ya que para ese entonces mi hermano mayor dependía de mí en su totalidad. Debía pagar su facultad, mi Normal, la secundaria de Chuy, la primaria de la niña… En aquellos años los libros de primaria y secundaria se compraban, no era como hoy en día, que el gobierno los da. Entonces, tomé la decisión de ya no seguir con la Normal.

Un día, me dice mi jefe: «Oye, ya entraron todos a la escuela y a ti no te veo que vayas». Le contesto: «Yo me salí, ya no pude». Y me dijo, con una sonrisa: «¿Cómo que ya no puedes, por lo burra?». Le expliqué que no podía porque no me alcanzaba el dinero. Pagaba todo en mi casa: renta, luz, agua, la comida, las escuelas, la ropa. Me pregunta entonces don Jesús: «¿De quién es esa escuela?». «Del Prof. Antonio Cuello», le informo. Me contesta: «¡Ah! es mi amigo, Dorita. Él es el gran maestro de la Gran Logia a la que pertenezco. Dile a tu mamá que te lleve el jueves a las 8».

Allí fuimos mi madre y yo. Era un recinto muy elegante, había como mil hombres. Y digo hombres porque realmente no había ninguna mujer aparte de mi mamá y yo ahí sentaditas. El profesor Cuello apareció y comenzó a hablar, y todos lo aplaudían. Cuando terminó su discurso, don Jesús levantó la mano. «A ver, hermano», dijo el profesor Cuello. Con determinación, don Chuy le dijo: «Nada más le quería pedir a usted un favor». «Cuente con él», dijo el profesor Cuello. Dice don Jesús: «Hay una muchacha que estudia en su escuela, en una de sus universidades. Una gran muchacha que ha trabajado desde muy niña, que quiere ser maestra. Pero ahorita ya no le alcanza para pagar sus estudios, con lo poquito que gana para su familia, que ella sostiene. Yo quería ver si usted la podría ayudar dándole una beca». El profesor Cuello lo escuchaba atentamente. Hizo un pequeño silencio y respondió: «Con eso que usted me ha dicho es suficiente. Esa muchacha tendrá la beca completa del 100 %. No pagará tampoco la inscripción». Todos los hombres del recinto se pararon y aplaudieron. Don Jesús se volteó hacia mí y me dijo: «Dora, ponte de pie». Cuando lo hice, el profesor Cuello me dijo: «A partir de mañana, preséntese».

Así, contra todo pronóstico, y gracias a mi Dios, que nunca me ha abandonado, ingresé finalmente a la Normal Nacional en el año 1969. Tenía 21 años. Comenzaba una nueva y maravillosa etapa de mi vida.

# Capítulo 3

*6 Por nada estéis afanosos, sino sean conocidas vuestras peticiones delante de Dios en toda oración y ruego, con acción de gracias. 7 Y la paz de Dios, que sobrepasa todo entendimiento, guardará vuestros corazones y vuestros pensamientos en Cristo Jesús.*
FILIPENSES 4:6-7

Los años iban pasando, y cada día presentaba una nueva prueba, un nuevo desafío, un nuevo esfuerzo. Sin embargo, nunca me dejé vencer por la dificultad que representaba mi trabajo, mis estudios y mi hogar. Mi meta seguía siendo finalizar mis estudios, proveer a mi hogar y hacer feliz a mi madre. Sin embargo, aunque me encargaba de todas estas cosas día a día, tuve que imponer mi voluntad alguna vez.

Recuerdo un hecho puntual de aquel tiempo. Poco antes de graduarnos mi hermano José Luis y yo, venía la Sonora Santanera a tocar en un baile organizado por la Facultad de Medicina. Era un evento al que todos los jóvenes querían ir, pero era muy caro. En ese tiempo, José Luis ya traía un noviazgo muy formal con una joven.

Un día me dice mi madre: «Oye, hijita, tu hermano quiere llevar a su noviecita al baile de la Sonora, ¿cómo ves?». Puse mi cara de inmediato; tenía dinero en el banco, pero claramente no era para eso. Me ruega mi reina: «Ándale, si tienes dinero, pobrecito, él es jovencito, ¿cómo ves, hijita?». No sabía cómo decirle que no y que no se sintiera mal, pero no me parecía justo el pedido. Le dije a mi madre, luego de respirar profundamente: «Mire, mi reina, yo también soy joven y también me gustaría mucho ir, pero no se puede. Mire, no es nada más la reservación de la mesa; me implica comprarle traje, la reservación de lo que consuman, un taxi para ir por ella y dinero para regresarla a su casa; no, reina, para eso no hay». Mi hermano, además, jamás me pedía nada directamente a mí, sino que buscaba la mediación de mi madre. Luego de la negativa, estuvo serio por un tiempo conmigo.

Mi familia demandaba mucho dinero, sobre todo mis hermanos pequeños, que habían crecido, y el gasto era mayor. En estos largos años tuve momentos difíciles, muy difíciles realmente, así como momentos muy bonitos. Para mí, que llegara el mes de agosto a veces era agonía, pero una vez más, bendigo a mi Dios por su provisión para con mi familia; teníamos lo necesario y algo más. Mi hermano mayor seguía estudiando, pero como iba en 4° o 5° semestre, hubo la necesidad de que se saliera y se pusiera a trabajar. Era muy bueno en sus estudios, pero reprobó un semestre. Sin embargo, yo lo apoyé. Le decía: «Un semestre a lo largo de la vida se pierde, no pasa nada». Él estaba avergonzado. Yo seguía en la Normal, y comenzó a irme mejor. Hablé con él y regresó a la facultad, a terminar su carrera.

Me estaba yendo bien en el negocio. Para ese momento, mi jefe Don Jesús, tuvo que retirarse por cuestiones de salud. Me dijo un día: «No te voy a dar nada, pero te voy a dejar la compra. Con todo lo que hay». Comencé a trabajar la compra ya siendo mía y claro, me fue mucho mejor. Compré un terreno en San Bernabé y otro en la Colonia Álvaro Obregón, y empecé a ahorrar con el fin de hacerle una casa a mi madre. Todo iba bien. Yo le entregaba material de la compra únicamente a una fábrica de aquí de Monterrey, la Productora de Papel. Todo iba sobre ruedas, pero un 31 de diciembre de 1972 los trabajadores de la empresa se lanzaron a huelga y el trabajo quedó interrumpido. Fue muy difícil, fue horrible. Sostuve el negocio como pude unos cuatro meses, comprando y almacenando la mercancía. No vendía nada, pagaba renta del negocio, renta de mi casa, impuestos, seguro social de mi trabajador y su sueldo, esperando que se levantara la huelga.

Coincidió que en ese tiempo había empezado a construir dos casitas en el terreno de San Bernabé. Construir siempre fue muy caro, y con la situación terrible en la que se encontraba la compra, debía dinero. Llegó a cruzar por mi mente una idea terrible; pensaba: «Si yo me muero, dejo a mi madre con casa y ya no le debo a nadie». Quizás esos hayan sido los momentos más difíciles de mi vida.

Acabé tomando la decisión de cerrar el negocio, ya que en esos cuatro meses me descapitalicé y me endeudé, y ya no podía mantenerlo. Desde que yo me hice cargo de la compra, mi hermano Jesús venía a ayudarme. La semana que decidí cerrar, Chuy y yo nos pusimos a preparar el periódico; hacíamos bultos amarrados con mecate, las botellas las separábamos en arpilleras, los palos de escoba se ataban juntos, el vidrio lo poníamos en tambos de 200 litros. Esto último lo hacía yo, no permitía que lo hiciera Chuy, estaba muy jovencito. Recuerdo ese último día, era un domingo, y mi hermanito y yo trabajamos desde temprano hasta las 8 de la noche. Malbaraté todo. Recuperé poco, pero al menos recuperé algo.

Para esto, yo ya había hablado con mi jefe, que era representante sindical de la Confederación de Trabajadores de México. Había muchas fábricas adheridas al sindicato, y le pedí que me ayudara a encontrar trabajo. Me preguntó si sabía coser en máquina, le dije que sí, mi madre tenía una Singer y la había visto usarla muchas veces. Me dijo: «Bueno, déjame hablar con el Sr. Carlos, dueño de Equipajes AMD». Aquel último domingo estábamos Chuy y yo en la compra, y vino mi jefe a avisarme que ya tenía trabajo, que me presentara el mismo lunes a las 8 de la mañana. Chuy se hizo cargo en la semana de vender lo que quedaba, y yo ingresé a trabajar como costurera. Tenía poco dinero ahorrado y estaba terminando de construir mis casitas.

Empecé a ganar 240 pesos por semana, muy poco dinero en comparación a lo que generaba en la compra en los buenos tiempos. Pensaba: «Dios mío, ¿qué voy a hacer con este sueldo?». No fue fácil ser costurera. Las máquinas eran con motor, algo nuevo para mí. La primera semana quebré un fierro de una máquina. Vino la Sra. Gloria, dueña también de la empresa, y se enojó mucho. Me gritó, y entre insultos me dijo: «¡Eso es una máquina alemana!». La señora Gloria era la encargada de las costureras, y aunque teníamos un supervisor, no había respeto. Tanto ella como las costureras se hablaban con malas palabras. Yo no estaba acostumbrada a eso; a pesar de que había trabajado tantos años con pepenadores y los muchachos de las trocas de la basura, fui muy amada por todos ellos y yo también los amé, y me respetaban. Jamás decían ni una mala palabra delante de la Srta. Dorita, como ellos me decían.

Así que aquel día, cuando se enojó la Sra. Gloria y me dijo cosas tan feas, me puse a llorar. Me sentía realmente muy mal, con todo lo que estaba pasando, y ahora me sucedía esto. Pensaba: «¡Dios mío, ayúdame!». Ese mismo día fui a la casa de mi jefe, don Jesús, quien vivía con su esposa, la Sra. Leonor Sandoval, una gran mujer. Les platiqué todo lo que había pasado. No pude evitar hacerlo llorando, traía tantas cosas en mi corazón. La señora Leonor le dijo: «Búscale trabajo en otra fábrica, ahí ya no regresa», y me abrazó. Pero don Jesús le contestó: «Es la única fábrica que contrata mujeres. Dora, ve mañana, yo arreglo esto». Le dije: «No, yo no quiero ir. Dice la Sra. Gloria que tengo que pagar la máquina, ¿de dónde, Dios mío?». Sin embargo, don Chuy me dijo que no me preocupara, que él se encargaría.

El siguiente día fue Don Jesús y arregló todo, efectivamente. ¡Gloria a Dios por ese hombre! Seguí trabajando como costurera. Todos ganábamos el mínimo, pero nuestro trabajo era a destajo, por lo que si hacíamos más, nos lo pagaban. A partir de ese incidente, donde yo sentía el rechazo total de la Sra. Gloria, logré poco a poco que me fuera conociendo, mientras yo iba aprendiendo. Nuevamente llega a mi vida la bendición de Dios: empecé a dominar las máquinas, aquellas que al principio se me hacían endemoniadas por lo rápido que cosían y que me hacían temblar de miedo. Logré un nuevo cometido que no esperaba cumplir: ¡era una buena costurera!

Las primeras semanas sacaba 240 pesos, pero fueron pocas; en cuanto dominé la técnica, sacaba 750, 1000 o 1200 por semana. Bendito sea mi Dios. La Sra. Gloria me llegó a apreciar tanto que se reveló ante mí como una gran mujer. Cuando había pedidos urgentes, nos decía a las costureras: «¿Quién se queda a trabajar?, hay una urgencia». Mis compañeras le preguntaban: «¿Nos van a pagar como tiempo extra?», y ella respondía: «No, muchachas, no se puede». «Pues ni modo, nosotras tampoco», contestaban. Yo me quedaba con ella a trabajar, necesitaba el dinero y el trabajo ya no me resultaba difícil.

La señora Gloria era excelente en las máquinas de coser, y aprendía mucho de ella. Para esos años yo todavía estaba en la Normal nocturna, así que me quedaba a trabajar cuando podía, y así me fui ganando el cariño y el respeto de esta gran mujer. La recuerdo con mucho cariño, pidiéndole a Dios que la bendiga a ella y a su familia, donde quiera que esté.

Mi familia y yo vivíamos entonces en una quinta privada, en una casa de material que era independiente; teníamos servicios, luz, agua, drenaje, pavimento, en las calles había luz mercurial, y había hasta una bonita plaza cerca de mi casa. Mas, sin embargo, tenía la necesidad de irme a una de mis casitas, donde no pagaría renta, pero estaban en una colonia donde no había drenaje ni pavimento, ni luz mercurial. Mi hermano mayor me decía: «Réntalas y con eso pagas aquí».

En la casa de la quinta privada duramos más de diez años. Me tocaba pagar la renta el día 3 de cada mes, y recuerdo, gracias a Dios, que siempre se pagó el día 3, fuera lunes, miércoles o domingo. Cuando ya no pude pagar, se molestó mucho el dueño; me decía que siempre me había puesto como ejemplo con los otros inquilinos, y que ahora le estaba fallando. Mi madre me insistía en que la propuesta de mi hermano era buena, que por qué no lo hacía, y le dije: «Mira, madre, sé que duele dejar esta casa, que era la mejorcita que habíamos tenido. Yo alquilaría los tejabanes, pero no sé si mis renteros van a ser puntuales, ya ves cómo batalla el Sr. dueño de la casa con los otros renteros. No tenemos las comodidades que hay aquí, pero esa casa es mía. Ya no voy a pagar renta, ni nadie nos va a ir a correr».

Trabajando yo de costurera todavía, un sábado le digo a mi madre: «Es tarde, viene un camión a cambiarnos a la casita de San Bernabé, ya lo contraté». Mi madre se puso a llorar, y yo también me fui llorando. Esa tarde nos cambiamos a San Bernabé, un barrio muy alejado del centro de Monterrey, tanto que la ruta de camión no entraba en esa colonia.

Apenas llegamos ese día, escuché discutir a mis hermanos. Les dije: «¿Qué pasa, por qué discuten?». Y me dice mi hermano mayor: «Es que yo quiero el cuarto que da a la calle de la otra casa», y Chuy dice: «¿Y por qué tú ese? Ese cuarto es mío». «Miren, jóvenes», les dije, «no es de ninguno de los dos, esos dos cuartos los voy a rentar». «Estás loca», me decía José Luis. «Después de que nos llevas a ese lugar tan feo, todos amontonados cuando hay espacio suficiente». Mi madre intentó mediar y me dijo: «Déjalos, hija, que cada uno tenga su habitación». «No, mi reina», le dije, «esa casita se renta». Y así fue. Llegamos a San Bernabé, estaban muy bonitas mis casitas nuevas, recién pintadas. Bueno, creo que a mí se me hacían hermosas. Le pregunté a mi madre: «¿Cuál quieres?». Ella decidió y nos instalamos. ¡Qué felicidad! Ahora ya no pagaba renta; al contrario, me pagaban por las habitaciones de la otra casita. Viviendo en esa casa, terminamos José Luis y yo nuestros estudios.

Al recibirse de ingeniero industrial, a mi hermano José Luis le ofrecieron un trabajo en Santa Catarina. Le ofrecieron 3000 mensuales, pero él les decía que para comenzar estaba bien, aunque les pidió si, conforme vieran su trabajo, era posible que lo aumentaran. No quisieron hacerlo, y José Luis no aceptó el trabajo. Tardó un año en conseguir empleo. Al año, Dios le abrió las puertas en la empresa John Deere, y fue su primer trabajo como ingeniero. Y grandemente bendecido, gracias a Dios.

Mientras tanto, yo seguía cursando en la Normal y trabajando como costurera. Recuerdo que, entre mis compañeras de trabajo, había una que gustaba de molestarme; me decía cosas hirientes para ver si yo picaba. Mis compañeras trabajaban para ellas mismas, ninguna mantenía a su familia. Cada semana, ellas estrenaban algo nuevo con su sueldo, y yo era el patito feo. Esta compañera me decía cosas como: «Mira, Dora, terlenca», mostrando sus pantalones nuevos, «y no soy profe», añadía. Así, cada vez que compraba algo me decía lo mismo. Me daba coraje, y a veces pena.

En la Normal, en cambio, conocí a grandes amigas, a quienes, a diferencia de mis compañeras de trabajo, recuerdo con mucho cariño. Una de ellas fue Teresa, alguien muy especial para mí, no solo ella, sino también su novio en aquel entonces, con quien luego se casaría. Tere fue hermana, de esas amigas de las que hay pocas. Estábamos juntas en la alegría de las buenas notas y en el estrés de los exámenes. Recuerdo un día que fui a su casa, estaba muy triste y no pude más. Hablamos y lloramos las dos juntas. Me abrazó y me dio palabras de aliento.

También acompañé a Tere con sus propias pruebas. Su hermanito menor tenía 9 años y enfermó gravemente. Tenía leucemia. Acompañé a Tere y a su familia en todo el proceso. Sufrimos mucho, lloramos juntas, y luego el Señor lo tomó.

En una ocasión, cuando estábamos en 8° semestre, en época de exámenes finales, nos habían dado un horario para un examen, pero a última hora nos lo adelantaron, y yo no tenía el libro sobre el que harían las preguntas. Tere lo tenía, y nos pusimos juntas a leer lo subrayado. ¡Qué susto! ¿Qué hacer? Eran las 22:20, la hora de salida. Tere me dijo: «No te preocupes, Dora, vamos para casa y entre todos te escribimos lo subrayado». Y así fue. Tomó su libro y lo separó en seis pedazos; le dio a cada miembro de su familia una parte para que me ayudaran a copiar. Estábamos su mamá, su papá, su novio, ella y yo, y cada uno escribió en hojas lo subrayado. Para cuando terminamos, ya eran más de las 12 de la noche. Me llevaron a tomar el camión, y cuando llegué a mi barrio, ahí estaba mi madre con la niña esperándome, bien molesta. Le expliqué y le enseñé el montón de hojas que llevaba. Gracias a Dios, pasé ese examen sin problemas.

Tere era la menor de su familia. Su mamá trabajaba, así que ella se hizo cargo de sus hermanos. Era una joven responsable, trabajadora y amorosa con sus hermanitos. Linda, en toda la extensión de la palabra. Como yo trabajaba muchísimo, Tere me hizo la tesis; hizo la mía y la de ella. ¿Quién hace eso? Solo una gran amiga, y ella lo hizo. Para nuestra graduación, nos mandamos a hacer vestidos iguales y fuimos juntas.

Terminé mi carrera docente en junio del año 1973. El día de la graduación fue inolvidable y único. Se cumplía, por fin, mi deseo de ser maestra. Mi felicidad era mayúscula. ¡Gloria a Dios por tal victoria que me dio! Tuvimos una gran cena con baile. Todo era felicidad, bailamos con los compañeros y con los maestros. Gran sorpresa me llevé cuando quiso sacarme a bailar aquel maestro que me había hecho sufrir tanto. ¡Oh no! Me paré y le dije que no. Me siguió, y yo me negué rotundamente a bailar con él toda la noche.

Una vez recibida, era hora de conseguir trabajo como maestra. Sin embargo, en aquellos tiempos era muy difícil. No había plazas; mi generación fue muy grande, había muchos maestros para pocos puestos. Les daban trabajo a los hijos de los que ya estaban o a alguien que tuviera algún conocido o familiar en la Secretaría de Educación. Todos deseábamos ser maestros estatales, pero era casi imposible; había más oportunidad en la federal.

Mis compañeros peregrinaban a las dos secretarías, pero en especial a la del Estado. Incluso había compañeros que se quedaban a dormir. En dos o tres ocasiones los contrataron con ese método, les dieron plaza en la madrugada. Esto motivó a que casi todos, unos con sus mamás, papás o hermanos mayores, o solos, se quedaran a dormir en la Secretaría con la esperanza de que les dieran plaza. Yo no podía ir a ninguna hora; eran tiempos de mucho trabajo en la fábrica. Como ya no iba a la escuela, me quedaba a trabajar con la Sra. Gloria hasta las diez de la noche. Luego, ella me llevaba hasta el hospital Civil, y ahí tomaba yo el camión que me llevaba a casa. La bendición de Dios llegaría de pronto y sin avisar a mi vida.

# Capítulo 4

*Clama a mí, y yo te responderé, y te enseñaré cosas grandes y ocultas que tú no conoces.*
JEREMÍAS 33:3

Todo comenzó un dos de octubre de 1973. Esa tarde, como era habitual, la Sra. Gloria me pidió que si me podía quedar a trabajar al siguiente día porque urgía una entrega. Le dije: «Sí, le voy a avisar a mi madre para que vaya por mí a las 11 de la noche». Me quedé, pero no llegó la tela, y yo no me podía ir a mi casa; mi madre iría a buscarme a las once, y si llegaba antes, tendría que caminar sola desde la parada del camión hasta mi casa. Era un terreno hostil y había perros, que me daban pavor. Tenía que esperar hasta las 10 de la noche para regresar. «¿Qué hago?», pensé. «Ya sé, me voy a ir a la Secretaría de Educación a pedir trabajo». Y allá me fui.

Iba yo llegando, apenas estaba por subir unos escalones, cuando, de repente, escucho una voz conocida que me dice: «¿Y usted qué anda haciendo aquí?». ¡Oh, mi Dios! Era el maestro con el que había tenido problemas en la secundaria, aquel hombre que me insistió esa noche para que bailara con él y lo rechacé. Le dije: «Busco trabajo». Y él, como era su costumbre, me dijo: «¿Sabe lavar baños?». «Sí, sé», le dije. «Pero no busco de eso». «¿Entonces qué es lo que busca?», me preguntó. Le contesté: «De maestra». Y me dijo: «Ah, carambas, ¿ya estudió?». Respondí afirmativamente. Se me quedó viendo y me dijo: «Venga, pase a mi oficina». Me preguntó mis datos personales y me dio una tarjeta. «Vaya con este maestro», me dijo, «y él le dará la plaza que usted anda buscando». Le dije: «¿Así de fácil?». Y dice: «Sí, y me viene a decir dónde la mandó».

Subí las escaleras. El recinto estaba lleno, estaban todos mis compañeros, ¡qué alegría! Les pregunté: «¿Cuál es la oficina de este maestro?», mostrándoles la tarjeta. La puerta estaba cerrada, me encaminé para tocar, y mis compañeros me advirtieron: «No toques porque se molestan, tienen mucho trabajo, te van a correr». Fui y toqué. Pregunté por esa persona, y me contestó un hombre muy molesto: «Yo soy, ¿qué quiere?», me dijo como un ladrido. Le di la tarjeta que me había dado el maestro. La leyó y la rompió muy molesto. Me gritó: «¡No hay plazas! No hay nada, sálgase y déjeme trabajar». Le dio orden a una secretaria, que cerró la puerta con el seguro. Me dieron el portazo y, claro, me acompañaron las risotadas de mis compañeros. Me decían: «Te dijimos que te iban a correr». Me quedé con ellos un rato y pronto dieron las diez de la noche. Me despedí y me fui.

Cuando iba bajando, nuevamente me encontré al maestro que me había dado la tarjeta. El maestro molesto me preguntó: «¿Dónde la mandaron?». «Por un tubo», le contesté. «¿Qué?, no le entiendo», me dijo. Le expliqué lo sucedido, maldijo para sus adentros y me pidió que regresara al siguiente día, que iba a hablar personalmente con el maestro al que me había enviado. «Bueno, está bien», dije. Sin embargo, yo dudaba.

El 4 de octubre de 1973, avisé temprano a mi madre que ese día sí me iba a quedar a trabajar, y le pedí que fueran por mí a las 11 de la noche. Sin embargo, otra vez no llegó la tela y volví a tener la oportunidad de acercarme a la Secretaría. Nuevamente me encontré con el maestro molesto, que me dijo: «Ya hablé con mi compañero, te dará una plaza». Con el corazón en un puño, subí y toqué con miedo la puerta de su oficina. Como no abría nadie, simplemente pasé y saludé. El hombre volteó y dijo: «Pásele, maestra, pásele». Yo volteé pensando que venía alguien, o que me estaba confundiendo, y me repite: «Pásele, maestra, siéntese por favor». Estaba nerviosa y confundida. Me senté en una silla cerca de su escritorio. El maestro hablaba con gente por teléfono, se reía, gritaba. Era un hombre muy enérgico. Yo pensaba: «¿Sabrá quién soy?». Hasta que, en un momento, dejó el teléfono y me dijo: «Habló Carlitos conmigo, dijo que quiere plaza aquí. Sí hay, nada más espéreme». «Oh, mi Dios», pensaba yo, «sí sabe quién soy».

Había llegado a la oficina como a las seis de la tarde. Dieron las siete, las ocho, las nueve y las diez, y yo seguía allí sentada. Como a las 10:30, media hora después de la hora a la que debería haber salido a tomar el camión hacia mi casa, llegó un inspector. Se dirigió al maestro y le dijo: «Ya renunció la maestra que mandaste». Emocionada, los interrumpí y les dije: «Discúlpenme maestros, yo quiero esa plaza». El inspector me miró y me dijo: «No, necesito un maestro varón». El trabajo no era en una escuela común y corriente, sino que lo que buscaban era un maestro dispuesto a trabajar en un área rural alejada. Decidida, le dije al inspector: «Deme la oportunidad de cumplir una de mis grandes metas. Puedo trabajar en un rancho, maestro, no lo defraudaré, se lo prometo, deme esa oportunidad por favor».

El hombre me miró inquisitivamente y comenzó con una serie de advertencias: «No hay agua», me dijo. Le contesté: «Lo que tomen ellos, tomo». Continuó: «¿Sabe andar a caballo?». «No, pero aprenderé», expuse. Me puso cinco o seis obstáculos similares, pero para cada uno le di una respuesta. «No lo defraudaré», le dije, «se lo prometo». El inspector se encogió de hombros y se dirigió al maestro titular de la Secretaría. Le dijo: «Bueno, désela, a ver si no estoy aquí en 15 días pidiéndote ayuda».

En ese momento sentí que se me salía el corazón del pecho. Estaba muy emocionada, quería llorar, reír, gritar. Escuché como a lo lejos la voz del maestro de la secretaría diciendo: «No le puedo dar esa plaza porque Carlitos me mata, tengo una plaza en la Colonia Independencia, pero estoy buscando algo más cerca de su casa». Sin embargo, yo le rogué, le supliqué por esa plaza. El hombre no me creía que era un sueño para mí trabajar en un ranchito. Ese deseo había sido motivado en mis años de la Normal por una gran maestra, la profesora Belén. Aunque no recuerdo su apellido, a ella jamás la olvidaré. Aquella profesora nos enseñó a amar el trabajo en el campo. Nos decía: «Ahí se hace el verdadero maestro, donde cada uno verá la forma de trabajar con sus niños». A veces nos decía: «Aunque sea debajo de un árbol, pero ahí estarán, estudiando, trabajando, mejorando en todo lo que ustedes puedan, deben de hacerlo». Realmente me enamoré de esos pensamientos, y creció en mí una vocación que ni siquiera sabía que tenía.

La profesora Belén nos decía siempre: «Ser maestro aquí no tiene chiste: métodos, pizarrón, escritorio, alumnos, bancos, todo. Ir a formar, a crear, a transformar. Ese es un verdadero maestro». Por fin logré convencer al maestro titular y al inspector, y me dieron mi nombramiento. Nuevamente, bendecida por mi Dios. Aquel día de octubre de 1973 fue uno de los más felices de mi vida. Era una alegría demasiado grande para mi pecho, algo que había deseado desde niña y ahora se hacía realidad. Gracias, Señor.

Salí de la secretaría como a las 11:30 o 11:45, demasiado tarde ya para la hora a la que debía tomar el camión, y sabía que mi madre estaría esperándome desde las once. Cuando llegué a destino, eran como las 12:30 de la noche, y allí estaba mi madrecita, sentada en una banqueta, con mi hermanita Maricela dormida en su regazo. Decir que mi reina estaba molesta es poca cosa. Estaba furiosa. Me gritó: «¡¿De dónde vienes?! ¿Te crees que te voy a creer que vienes de estar cosiendo en una máquina? Pero eso sí te digo, Dora Elia, es el último día que venimos por ti».

Estaba yo tan feliz y ella tan molesta que no sabía cómo darle la noticia. Opté por contestarle: «Sí, mamita, es el último día que vienen por mí». Muy molesta, mi madre levantó la mano como si me fuera a pegar. Yo no aguantaba la risa, y le dije: «Mami, déjame que te explico, no te enojes, no vengo de coser». «¡Claro que no!, ¿a quién crees que engañas?», me dijo indignada. Yo ya no podía más, necesitaba decirle. «Espérame», le digo, «mira, ya me dieron plaza de maestra». «¿Qué?», me dijo. «Sí», le dije.

«Sí, mamita, ya me dieron plaza», y le conté todo lo que había sucedido en la oficina del maestro titular.

Al instante reímos, luego lloramos juntas, y en eso llegamos a casa. Mis hermanos ya estaban dormidos, y los despertamos. Les mostré mi nombramiento y todo era felicidad. Nunca olvidaré cómo me abrazaban.

Esa semana me había anotado mucho trabajo en la fábrica para sacar buena paga el fin de semana. Al día siguiente de mi nombramiento, llegué temprano a la fábrica, como era mi costumbre. Pasé por la oficina de la Sra. Gloria para avisarle que ya no trabajaría más allí y darle las gracias por todo. Además, quería pedirle que no me quitara todo lo que me había anotado ya, porque seguiría trabajando hasta ese sábado. En ese tiempo, ella quería ayudarme a entrar al Seguro Social, como maestra cuidadora en una guardería. Me dijo: «No te vayas, está muy lejos adonde te mandaron, ya te van a conseguir algo aquí». Comprendía las buenas intenciones de la Sra. Gloria, pero necesitaba perseguir mi sueño. Le dije: «No, yo quiero un grupo de alumnos, quiero ser maestra, no me gusta la guardería». Ella comprendió. Se levantó, se quitó los lentes. La vi derramar una lagrimita. Me abrazó, me dio un beso y me dijo: «Te voy a pagar el trabajo que te anotaste». «No, Sra. Gloria», le dije. «No voy a alcanzar a terminar todo». «No importa», me dijo.

Yo le debía dinero de ropa que ella me pasaba de sus hijas, y me dijo: «Y también lo que me debes de la ropa te lo regalo». Le agradecí profundamente aquel gesto. Le pedí permiso para salir un momento e ir a avisarle a Tere, mi amiga, a quien aún no había visto. Allí me fui a darle la buena noticia. Poco tiempo después, a ella también le dieron su plaza. A mí me mandaron a un rancho que se llama El Yerbaniz, ubicado en Aramberri, Nuevo León; a ella, a un rancho en Dr. Arroyo, con plaza federal.

En ese entonces tenía yo unos veinticinco años y mantenía un noviazgo muy largo con un muchacho llamado Enrique. Recuerdo que tenía dieciséis años cuando acepté ser su novia.

Él tenía dieciocho años en ese momento. Enrique quería casarse pronto, pero yo no podía casarme en ese momento. Él era mecánico, y su sueño era poner un taller propio. Alrededor de 1972, Enrique se fue a EE. UU. para trabajar allí y conseguir dinero para comenzar con su taller, y así podríamos casarnos. ¡Cuánto lo extrañé cuando se fue! Realmente me había acostumbrado a estar con él. Nuestro noviazgo fue bonito, lleno de charlas y sueños compartidos.

A ambos nos gustaba mucho el baile, pero mi madre me daba permiso de salir con él al baile de las dos de la tarde y hasta las ocho de la noche. Como cuando era niña y mi madre aparecía en la puerta para hacerme regresar, a las ocho en punto ya tenía que estar en casa. No podía llegar ni a las 8:01 ni a las 8:02; era a las ocho o antes, pero después jamás. Nuestros amigos, conociendo esta situación, organizaban bailes que comenzaban a las 2 y terminaban a las 7:30. Recuerdo aquellos bailes con mucho cariño, con la música sonando a través de los discos negros que se usaban en aquella época.

En los bailes también estaba mi hermano José Luis. A él poco le gustaba el baile, pero estaba ahí para llevarme de regreso a casa, y así fue toda mi juventud. Mi madre puso otras condiciones también, que se cumplieron totalmente. Me dijo: «Vas a salir un domingo sí y otro no». Me pareció buena la idea, pero pronto se retractó y me dijo: «No, vas a salir un domingo sí y dos no». Y así fue.

Cuando Enrique se fue a EE. UU., sufrimos los dos, pero él pronto encontró consuelo. Al poco tiempo de estar allí, se relacionó con otra chica y la dejó embarazada. Nunca me lo dijo. Me enteré por una amiga de ambos, cuando ya había nacido el bebé. Nunca olvidaré ese día. Me la encontré de casualidad, o quizás por obra de mi Señor, que siempre me ha dado advertencias en la vida, y me dijo: «Oye, Dora, ¿ya sabes lo de Enrique?». «¿Qué? No sé de qué me hablas», contesté. Ella, con una indescriptible expresión en el rostro, me dijo: «¿No sabes que tiene un hijo con una muchacha allá en EE. UU.?». En ese momento sentí que se abría la tierra. No me pude controlar y me puse a llorar.

Llegué como pude a mi casa y le platiqué todo a mamá. Ella se molestó mucho con él. Lo maldijo y gritó muchas cosas acerca de Enrique. Mi dolor era grande, muy grande. Nuestra relación había continuado a distancia; él me hablaba por teléfono un viernes y el siguiente venía a visitarme, así una o dos veces por mes. Si no podía venir, me hablaba por teléfono. Yo realmente confiaba en él. Aquel viernes, escuché su voz nuevamente en el teléfono. No pude evitar llorar, no podía ni hablar. Cuando pude aclararme la garganta y recobrar la compostura, le dije lo que me había enterado. En un primer momento, Enrique lo negó, y le creí. Sin embargo, mi madre había jurado que no se dejaría engañar.

Enrique se presentó la semana siguiente en mi casa para hablar conmigo y con mi mamá. Mi madre lo corrió de la casa y le dijo varias cosas que pensaba de él y de la situación. Él continuaba negando todo. Vivimos momentos muy difíciles. En diciembre, sus papás fueron a pedirme en matrimonio. El padre de Enrique decía que el que un hombre tuviera un hijo no era motivo para no casarse, que su hijo era un hombre libre, y soltó un montón de discursos más para justificar los actos de Enrique. Sin embargo, mi madre era una leona, y no se dejaba amedrentar.

Recuerdo que llegaron a mi casa como a las diez de la noche, y para las dos de la mañana la discusión seguía. En ese momento, me dice el padre de Enrique: «Lo que pasa es que usted no quiere a mi hijo. Si realmente lo quisiera, lo perdonaría, pero no lo ama como él a usted. Mi hijo le entregó toda su juventud, no es justo que ahora no quiera casarse con él». Me pareció una falta de respeto, y no iba a permitir que me dijeran una tontería semejante. Le contesté: «Ay, señor, ¿qué sabe usted si él me entregó su juventud? Yo también lo hice, señor, yo era casi una niña cuando acepté ser su novia». Entonces me dijo —y esta fue la gota que rebalsó el vaso—: «Pues perdónalo,

Dora, no es ni el primero ni el último que tiene un hijo fuera del matrimonio». La discusión parecía no tener fin. Mi madre intervino nuevamente, y el padre de Enrique le dijo: «Oiga, señora, deje que ella decida, no usted».

En ese momento, mi hermano José Luis, harto ya de la discusión, le dijo a mi madre: «Mamá, deja que Dora decida, para encontrar una solución». Mi madre se negó. «No», decía, «ella no va a casarse con ese sinvergüenza». José Luis me miró y me dijo: «Habla, Dora, tú toma la decisión que tú quieras». Sobrevino un silencio total en la habitación. Todas las miradas estaban sobre mí.

Hablé pausadamente. Sabía lo importante que sería mi respuesta, tanto en lo inmediato como a largo plazo. Miré a todos y les dije: «Sí, ya tomé una decisión. Es cierto lo que el señor dice; tener un hijo no es ningún impedimento para casarse». El padre de Enrique sonrió satisfecho y dijo: «Claro que no, Dora». Lo ignoré y proseguí: «Sin embargo, yo no le voy a quitar el padre a un bebé jamás. Tal vez yo encuentre o no a otro varón, ya estoy grande, pero jamás le quitaré su padre a un bebé».

En ese momento, Enrique, que había estado mudo dejando a su padre pelear por él, se hincó enfrente de mí, pidiéndome que lo perdonara. Le dije: «Sí, te perdono, pero no me casaré contigo». Enrique comenzó a llorar y a decirme que con aquella mujer jamás se casaría, que solo había sido un error. Le dije: «Es tu problema, no el mío».

Por fin se fueron. Ya era muy tarde, y todos estaban muy molestos, pero esa era mi decisión. Perdimos un noviazgo de casi 12 años. Después de la ruptura quedé muy lastimada, no quería saber nada de compromisos con nadie, y ninguna persona que conocía me gustaba. Mi madre se reía y me decía: «Buscas otro igual de mugrero». «No», le decía yo. Pero no me interesaba nada ni nadie. Veía el mundo gris, mi corazón estaba roto en mil pedazos. Sentía que nunca más iba a poder enamorarme de alguien, y que me quedaría así para siempre.

Sin embargo, para ese tiempo, ya trabajaba en el rancho, por lo que me llené de trabajo, conocí nuevas amistades y tuve nuevas experiencias, y eso me ayudó a seguir con mi vida.

# Capítulo 5



*Hasta ahora nada habéis pedido en mi nombre; pedid, y recibiréis, para que vuestro gozo sea cumplido.*
Juan 16:24

El 7 de octubre de 1973 marcó el inicio de una nueva etapa en mi vida. Aquel domingo, mi madre y mi hermanita me acompañaron hasta el rancho, en un viaje que no era ni corto ni fácil; ninguno lo era en aquellos tiempos. Cuando llegamos a Aramberri, tuvimos que tomar otro camión hasta un rancho llamado Lampazos. Desde allí, nos trasladaron al rancho al que me habían asignado: El Yerbaniz. El lugar resultó ser una joya escondida, tanto por su belleza natural como por la calidez de su gente. Ubicado en una zona elevada, el paisaje era impresionante: árboles majestuosos, vergeles, cascadas y riachuelos serpenteantes. En este precioso entorno se encontraba el rancho ganadero al que ahora llamaría hogar.

Al llegar al Yerbaniz, fui acogida por la familia más acomodada del lugar. Eran personas encantadoras y muy hospitalarias. La familia estaba compuesta por el señor Saturnino Reyna, su esposa, la señora María, y sus hijos: Lupita, Francisca, otras dos hijas cuyos nombres no recuerdo, y dos hijos, Martín y Rosalio. Mi madre, después de acompañarme hasta su casa, se dirigió a la señora María y le dijo: «Se la encargo mucho». Luego, me miró directamente a los ojos y me dijo con firmeza: «Dora Elia, usted se va a quedar en esta casa, y cualquier cosa que necesite o cualquier diligencia que tenga, primero avisa si es por trabajo, pero si es por amistades, si la señora dice que no, no va. ¿Quedó claro?». «Sí, madre», respondí. Y así comenzó mi nueva vida en el Yerbaniz.

La rutina en el rancho era un cambio significativo respecto a mi vida anterior. Las mañanas empezaban temprano, con el canto de los gallos. La familia Reyna me trató con una amabilidad que me hizo sentir parte de ellos desde el primer día.

Creo que ese fue el año que mejor he comido en toda mi vida. Los Reyna tenían una vaca solo para abastecer a la casa, una vaca pinta. Daba una tina de esas grandotas, de 18 litros, en la mañana y en la tarde. También había en lo de los Reyna muchos quesos, de vaca y de chiva, muchos pollos y huevos. Se mataban dos pollos diarios, y cuando había cabritos, se mataban dos también. Cuando yo llegué, acababan de matar un marrano. Tenían dos hoyos grandotes de puro asado. En la mañana me daban asado con frijoles, al mediodía, arroz con asado, y en la noche, asado con frijoles. Llegó el momento en que ya me llenaba con el puro olor al asado y prefería comer huevos.

Durante aquel tiempo, el Yerbaniz no solo se convirtió en mi hogar, sino también en un lugar donde crecí y aprendí lecciones de vida que me acompañarían para siempre. La gente del pueblo me enseñó el verdadero significado de la comunidad y la solidaridad. Este capítulo de mi vida, aunque comenzó con incertidumbre, se transformó en una experiencia enriquecedora que siempre recordaré con cariño y gratitud.

Al día siguiente de mi llegada, comencé a trabajar en la escuela del rancho. Empecé con tres grupos: primero, segundo y tercero, mañana y tarde, de 8:00 a 12:30 y de 13:00 a 18:00. Poco tiempo después, comencé también a darles estudio a los adultos en la casa de los Reyna. Con ellos trabajaba de 7:00 a 10:00. Fueron hermosas experiencias, y fui muy amada por mi comunidad.

En aquel lugar, adquirí conocimientos valiosos y únicos que solo se pueden obtener viviendo en un rancho. La vida rural me enseñó habilidades y lecciones que nunca habría aprendido en la ciudad. Descubrí que, para ser un buen maestro en aquel entorno, era esencial saber otras cosas, como tener nociones de enfermería, algo fundamental en un lugar donde el acceso a servicios de salud es limitado. Además, la experiencia de vivir y trabajar en el rancho me enseñó la importancia de la autosuficiencia y la adaptabilidad. La vida en el rancho es una escuela de la vida en sí misma.

Cada día en el rancho presentaba nuevos desafíos y oportunidades para aprender. Recuerdo una ocasión en particular que dejó una huella en mi memoria. Un día, intrigada por las actividades que se desarrollaban en el rancho, le pedí a la señora María que me permitiera acompañarla en su labor diaria el fin de semana. Ella, con su amabilidad característica, aceptó con una sonrisa. María era la pastora de un rebaño de chivos, y ese sábado me invitó a unirme a su rutina.

Nos levantamos temprano, antes del amanecer, cuando el aire aún estaba fresco y el rocío cubría la hierba, y emprendimos la caminata. A medida que avanzábamos, María me iba explicando cosas de su trabajo. Aprendí sobre las características y comportamientos de los chivos, cómo reconocer si estaban saludables y las técnicas para guiarlos y mantenerlos juntos.

El paisaje que nos rodeaba era bellísimo, la obra de Dios en su esplendor. Caminamos por senderos estrechos que se abrían paso entre colinas y valles, cruzando pequeños arroyos y ascendiendo por terrenos rocosos. Para mí, la distancia recorrida fue considerable, pero María, acostumbrada a esos trayectos, lo hacía parecer sencillo. Cuando terminamos, reanudamos la marcha de regreso al rancho. A pesar de estar cansada, sentía una profunda satisfacción. Al llegar, nos recibieron los hijos de María y nos preguntaron cómo nos había ido. Con una sonrisa, María les dijo: «Nada más fuimos aquí cerquita». Sus palabras me hicieron sonreír, ya que, para mí, aquella caminata había sido una travesía épica.

Había pasado aproximadamente un mes o mes y medio desde mi llegada cuando el inspector apareció y me comunicó: «Maestra, la están pidiendo del ejido El Rodeo; se va a cambiar a trabajar allí y va al Rodeo la siguiente quincena». Yo le dije: «Si es así como tiene que ser, así será». Le notifiqué a mi comunidad que estaría con ellos esa quincena, pero que el inspector me había movido. La noticia no pareció caer muy bien.

Dos o tres días después, vi a los varones del rancho salir a caballo; entre ellos iba Don Saturnino. No pregunté en ese momento a qué iban, supuse que tendrían asuntos en otro lugar. Esa noche, en la cena, me dijo Don Saturnino: «Ya no se va a cambiar de escuela, profesora», y le contesté: «Sí, señor, hasta la quincena». Muy serio me dijo: «Le digo que no, ya arreglamos eso». «¿Cómo?», pregunté sorprendida. «Fuimos los hombres del rancho con el inspector y le dijimos: la maestra es nuestra; si se la lleva, nos desbarata el rancho. O nos arregla usted, o vamos con el alcalde o nos vamos a Monterrey». Y claro, el inspector me dejó ahí. Me sentí bendecida y muy querida por aquellas personas.

Casi todos los maestros de ranchos trabajaban un solo turno, ya fuera en la mañana o en la tarde, pero yo lo hacía en dos turnos. Para afianzar los contenidos, trabajaba con mis alumnos en la mañana, de ocho a doce y media, y por la tarde, de una a cinco y media o seis. Me involucré mucho con cada familia; los visitaba en sus casas y convivía mucho con ellos. Me adapté a la vida en el rancho, a los horarios y a la comida, excepto a los nopales, que nunca logré que me gustaran.

Durante mi primer mes en el rancho, comencé a observar que la mayoría de los adultos del pueblo eran analfabetos. Incluso me solicitaban que hiciera alguna cuenta o cálculo relacionado con los negocios que mantenían en el pueblo. Un señor mayor del lugar me preguntó si podría trabajar con sus hijos, que ya eran adultos. Acepté y comencé a enseñarles, primero en la mesa de la cocina. Luego, se fueron agregando otros adultos a mi improvisada clase. Los Reyna pusieron una mesa afuera, con bancas, y me compraron una lámpara. Yo me llevé un pequeño pizarrón, y oficialmente comenzamos.

Como las libretas eran muy caras, usábamos las manos para hacer bolitas y palitos. Seguíamos en el pizarrón, y luego en las libretas, aunque les costaba mucho. Aquel señor mayor siempre estaba ahí sentado. La mayoría de aquellos adultos eran sus hijos.

Comenzamos primero con los hijos de aquel hombre, y al tiempo empezaron a llegar personas de otros ranchos. A medida que iban avanzando, aprendiendo a sumar, restar y leer, llegaban nuevos alumnos. Llegué a tener más adultos en aquella clase que niños durante el día. Incluso venía un papá con su hijo, y hacían dos horas a caballo para llegar hasta allí. Yo les ponía mucho interés porque veía su esfuerzo; venían de tan lejos porque querían aprender a escribir, a leer y, sobre todo, a hacer cuentas. Gracias a Dios, todos iban aprendiendo muy bien.

Nunca olvidaré cuando comenzamos con las vocales A y O. Las escribí en el pizarrón. Las confundían mucho, y yo les decía: «Acuérdense, la A es la primera. Luego viene la E. Esa no se confunde. Y luego la I, que es la flaca. La O es la gorda. Y el columpio es la U». Y así aprendieron las vocales. «Bueno, ahora vamos a comenzar con las consonantes», les dije. «La primera va a ser dos cerritos. ¿Está difícil eso? Está bien fácil, dos lomitas. Bueno, bajamos y hacemos dos lomitas. A ver, ¿vamos a hacerlo en el pizarrón?». Escribí una M y luego le agregué una A. «¿Qué dice ahí?», les dije. «Esta se llama la M. La M y la A. Las vamos a juntar. ¿Cómo dice? Ma». Todos me seguían. Agregué otra M y otra A para formar la palabra «mamá». «¡Ya sabemos escribir!», decían emocionados. Para ellos, era una gran novedad.

Fue una experiencia muy bonita. Comencé con la primera oración completa: «mi mamá me mima», que es una de las primeras que se enseñan, la M con varias de las vocales. O casi todas: mi mamá me mima. Luego seguí con la L y su combinación con las vocales. Continué con el resto de las letras, y a base de frases cortas, aprendieron a leer.

En las matemáticas, les enseñé primero los números del uno al diez, y luego ya comenzamos con las sumas. Desde el uno más uno, dos; dos más uno, tres, y así sucesivamente. Luego comenzamos con las sumas de más de diez. Una vez que aprendieron esas cosas básicas, pude enseñarles las tablas de multiplicar. Les resultó dificultoso, pero les gustaba competir entre ellos. Me decían: «Mire, allá el compadre ya anda dando cuatro por una, cuatro, y yo apenas voy en la del tres. Ya me ganó, me ganó el compadre». Y así, aprendieron a sumar, restar, multiplicar y dividir. Y más que eso, aprendieron a saber qué operación tenían que hacer. Les enseñaba con ejemplos de la vida cotidiana. Les decía: «Si ustedes van a vender cien, doscientos cincuenta kilos de marrano a tanta cantidad, y les pagan con un billete de tanta cantidad, ¿cuánto van a dar de feria?». Hice lo mismo con los niños. Me salí de las matemáticas del libro y les di matemáticas adecuadas a sus necesidades.

Sin embargo, esto me traería algunos problemas. Los habitantes del rancho hacían negocios vendiendo sus productos a gente pudiente, gente que tenía negocios y empresas. Un día, estos compradores se me acercaron mientras estaba dando clases y me ofrecieron una vaca. Extrañada, les pregunté: «¿Para qué quiero una vaca?». «Bueno, pues la puede vender», me dijeron. Les dije, fingiendo que no entendía lo que sucedía: «Ah, no, señor, yo no necesito vaca, a mí me pagan. Y mire que acá hay vacas de sobra». Resuelta a que me dejaran en paz, les dije: «Ay, señores, díganme qué necesitan, porque yo estoy aquí trabajando con mis niños. De nuevo, ¿qué necesitan?». «Bueno, vamos a ser directos», me respondieron. «No queremos que tenga la escuelita en la noche».

Estaba claro que aquellos hombres necesitaban que los campesinos fuesen analfabetos, para poder pagarles lo que ellos quisieran por los productos. Molesta, les dije: «Paguen tantito y sean honestos». Al no poder convencerme, me amenazaron.

Dijo uno de ellos: «Ah, sabemos que usted anda por la sierra. Ups, a lo mejor cualquier día de estos llega a tener un accidente». «Bueno», les dije, «mi Dios me ha de cuidar, que no se preocupe».

Sin perder tiempo, le conté esto al señor que me había alentado a crear la escuela nocturna. Reunió a todo el rancho y les prohibió que volvieran a hacer negocios con aquella gente. Y a partir de allí, nunca más crucé la sierra sola; me cuidaban cuatro señores que cabalgaban armados a mi lado.

Comencé a hacer planes para aquel rancho. Le dije a la gente del pueblo que, si el próximo año me daban cambio a otro rancho, me quedaría en El Yerbaniz. Planeaba tener el cuarto año y avanzar cada año hasta lograr una escuela de organización completa. Pensaba que, si tenía tres grados en la mañana, podía tener tres grados en la mañana y tres en la tarde para llegar hasta el sexto año. Me ofrecí incluso a educar a los niños más grandes en los turnos que fueran compatibles con sus labores. Eran todos niños muy trabajadores. Desde muy pequeños, los chicos de los ranchos son muy responsables de sus cosas. Estaban bien contentos, y yo también con ellos.

Una vez por mes regresaba a mi casa a ver a mi familia. Para ello, salía el viernes a las siete de la tarde hacia Lampazos, donde me quedaba a dormir con otra familia. El dueño de la casa era hermano de la Sra. María. El sábado, me llevaban a tomar el camión a las seis de la mañana, que me llevaría a Aramberri, y allí tomaba el que me traía a Monterrey. Era un viaje muy largo; llegábamos al anochecer. Iban por mí a la Central de Autobuses mi madre, mi hermanita y mi hermano José Luis. ¡Cómo se enojaba mi hermano! Yo llegaba siempre cargada de cajas, porque la gente del Yerbaniz me regalaba productos del campo: frijol, pollos, quesos, chile, cabritos, cañas y tantas otras cosas. José Luis me decía: «Todas tus compañeras bajan del autobús con su bolso nada más, y tú mira, pareces la india María».

Cenábamos en familia y dormía el sábado en mi casa. Me levantaba temprano, desayunaba con mi madre, y el domingo regresaba al rancho en el camión de las once de la mañana. Así fue todo aquel año.

Doy gracias a Dios por la comunidad de El Yerbaniz, por su amor y sus atenciones. La casa en la que yo me hospedaba estaba en un cerro, y la escuela en otro cerrito cercano. Un sábado, vi que padres e hijos andaban con picos y palas. El lunes, cuando me dirigí a la escuela, me llevé una gran sorpresa. ¡Habían hecho escalones por donde yo pasaba todas las mañanas! Fue un gesto maravilloso.

En El Yerbaniz había un lugar que solo podía cruzarse a caballo, al que le llamaban el pantano. Había un denso lodo que le llegaba a la panza del animal, y se había caído mucha gente en ese lugar, gente de allí, mucho más experimentada que yo en el arte de montar a caballo. Había un endeble puente, que cuando yo pasaba hacía mucho ruido. «¡Ay Dios, cuídame que no me caiga!», pensaba cada día. Me reía, pero era de nervios. Así fue hasta que llegaron unas vacaciones, no recuerdo bien si fue en diciembre o en Semana Santa. Cuando regresé, fue a por mí un señor de mi comunidad, como siempre, y me dijo: «Maestra, le tenemos una sorpresa». Yo pensé que se trataba de un desayuno, lo cual hubiera sido genial, pero cuando llegamos al pantano, me quedé sin habla.

Habían hecho un bello puente de madera, donde cabían dos caballos. Nos paramos antes de subir al puente, y me dice: «Esto lo hicimos para usted». No pude hablar, nunca pensé que me quisieran tanto. Lloré y le di las gracias, primero a él y luego a mi rancho.

En los viajes del rancho a la ciudad conocí grandes amigos, y acabó formándose un grupo de cinco maestros que siempre andábamos juntos. Estaba Olga Leticia, que llegaría a ser una de mis más grandes amigas, y tres varones: Juan, Luciano y Chuy, que eran inseparables. Alguno de ellos, sobre todo Juan, solía visitarnos a Olga y a mí en nuestros respectivos ranchos para ver si necesitábamos algo. Esta unión era fundamental, porque todos trabajábamos en lugares apartados, lejos de nuestras familias. Nos queríamos y nos ayudábamos mucho. Fue una experiencia muy bonita, había mucha unidad. Viajábamos juntos, cada quien bajaba de su rancho y nos reuníamos en el camión. Fue un año mágico, realmente, lleno de anécdotas.

Recuerdo que ninguno de ellos llevaba cajas con cosas, solo yo, y siempre estaban muy pesadas. Sin embargo, debo decir que yo nunca las cargué. Los Reyna me llevaban al camión y las subían, y al bajar para tomar el otro camión, mis amigos y yo caminábamos como 100 o 150 metros a la parada, y casi siempre Luciano las cargaba por mí, y se enojaba igual que mi hermano José Luis.

Hay una anécdota relacionada con Luciano y las cajas que nunca olvidaré. Finalizó el año escolar y casi todos regresaron a la ciudad el 27 de junio. Yo me vine el 28, porque era mi cumpleaños, y la comunidad me hizo una fiesta. Aquel día, me fui para el otro rancho y ¡oh sorpresa! También me habían hecho una comida para celebrar mi cumpleaños. ¡Gloria a Dios por tantas demostraciones de afecto! Al día siguiente iba yo sumamente cargada de cajas y pensaba: «¿Cómo le voy a hacer si ya se fueron todos?». La familia que me recibía me llevó hasta el camión, y me puse a ver si encontraba quién me ayudara. En eso, vi que se iba subiendo Luciano al camión. ¡Qué alegría para mí! Sin embargo, él no pareció alegrarse. Me vio y dijo: «No, no, Dios mío, no puede ser». Se sentó a mi lado tapándose la cara y decía: «Castigo de Dios».

Le pregunto: «¿De qué hablas?», y me dice: «Ayer no quise venir para no ayudarte con tu montón de cajas, y ahora me toca a mí solito, ¡qué bárbaro, castigo de Dios!». Me reí y le dije: «¿Qué malo, eso piensas de mí?», y me dice: «De ti no, ¡de tus cajas!». Efectivamente, le tocó a él solito llevar todas mis cajas a la parada del otro camión. Le llevó cuatro o cinco vueltas. Finalizaba el año escolar 1973-74.

En este tiempo nació y creció mi gran amistad con Olga, una amistad que perduró por el resto de nuestras vidas. Una gran amiga, casi una hermana. Nos conocimos viajando al rancho, en el tramo entre Monterrey y Morelos. Nos cruzábamos en el camión, donde siempre había puros hombres. Un día vino y se sentó a mi lado. Me preguntó: «¿Me puedo sentar?» Sorprendida por sus formas, le dije, con humor: «Si no queda más remedio». Desde entonces, fuimos grandes amigas, aunque siempre tuvimos personalidades opuestas. Ella, por ejemplo, no se hospedaba en casas de familia ni gustaba de convivir; en cambio, prefería rentar una habitación de hotel. Mi amiga ha sido muy bendecida en la vida. Actualmente vive en Wichita, EE. UU. Es una persona maravillosa, una gran hija, que ha pasado muchos años yendo y viniendo a México varios meses del año para cuidar a su mamá. Olga, que Dios te bendiga a ti y a toda tu familia.

En aquellos tiempos de juventud, nos gustaba mucho el baile. En los ranchos aledaños se organizaban bailes, y yo solía ayudar a las muchachas casaderas a sacar el trabajo para que sus padres las dejaran asistir. Olga era un poco reticente a ese tipo de eventos, pero no me costaba mucho convencerla. Recuerdo una vez que le dije: «Hay baile, y luego vamos a quedarnos, y regresamos en la mañana», y me contestó: «¿Y en qué nos vamos a ir si el camión solo sale a las cinco de la tarde? Por la mañana no podemos irnos en camión». Le dije: «No, nos vamos en una camioneta, en la parte de atrás». No le agradó mucho la idea, y me dijo: «Ándale, ¿así como vaca, atrás de una camioneta? No, si tú quieres quedarte, quédate, pero yo me voy». No le hablé por un rato para ver si se convencía, pero no lo logré. De todas maneras, a los pocos minutos estábamos parloteando nuevamente.

En esos años conocí a una persona que me interesaba, aunque no demasiado. Mi corazón seguía roto y aún faltaba tiempo para que se compusiera. Era un hombre de campo, serio, que me propuso matrimonio. Lo pensé durante un tiempo y lo hablé con mi madre. Ella me dijo: «No, hija, ¿entiendes lo que eso significa?

Sería enterrarte en aquel rancho, y no pienses en ti nada más. Si tienes hijos, van a estudiar solo la primaria viviendo allí, se van a estancar». Mi amiga Olga me dio el mismo consejo. Me dijo: «Si te casas con él, te vas a quedar para siempre en el rancho, ¿esa va a ser tu vida?». Así fue que no acepté la propuesta, y seguí con mi vida como estaba.

Al finalizar el año escolar, le dije a la gente de mi comunidad que, si me daban el cambio a otro rancho, aunque estuviera más cerca de mi casa, volvería a El Yerbaniz. Mi proyecto era tener primero, segundo, tercero y cuarto grado, hasta tener la escuela completa, para poder darles luego el quinto y el sexto. Sin embargo, no pude cumplir con aquel proyecto. El siguiente año me dieron cambio a la escuela estatal Independencia, ubicada en la Colonia 21 de Enero en Guadalupe, Nuevo León.

# Capítulo 6

*5 Fíate de Jehová de todo tu corazón,*
*y no te apoyes en tu propia prudencia.*
*6 Reconócelo en todos tus caminos,*
*y él enderezará tus veredas.*

PROVERBIOS 3: 5-6

Nos asignaron a la misma escuela a Olga y a mí. Ella trabajaba en el turno de la mañana y yo en el turno vespertino. Al poco tiempo, Olga fue convocada para una plaza federal en el turno de la mañana y necesitaba cambiar de turno. Le ofrecí la permuta, por supuesto, pero gracias a Dios se la hizo otra persona, y así pasamos cinco años trabajando juntas en la Escuela Independencia.

Lamentablemente, no volvimos a trabajar con los muchachos del grupo original; solo éramos Olga y yo. Los nuevos compañeros éramos casi todos solteros, así que nos llevábamos muy bien y hacíamos muchas actividades juntos. Nuestra directora, la Profesora Basilisa Álvarez, supo aprovechar la situación y nuestra juventud, promoviendo que nos uniéramos más entre todos. No había envidias, era un hermoso grupo. Nos ayudábamos y compartíamos mucho en aquellos años.

Se organizaban torneos de voleibol para toda la zona. Yo vivía aún en la Colonia San Bernabé, que me quedaba lejísimos, pero los sábados o domingos, cuando eran los juegos, a la hora que fuera, ahí estábamos ¡qué alegría! Recuerdo una vez que Nicolás, un muchacho del grupo que ya falleció, trajo una matraca. Fuimos los más ruidosos, gritones, ¡y ganamos! De ahí íbamos a comer todos juntos. La Independencia fue, tal vez, la escuela que más extrañé cuando me cambié.

En este tiempo organizábamos viajes entre nosotros. Junto con varias compañeras fuimos a la Ciudad de México, a Veracruz, a Morelia, a Guanajuato y otros lugares. Eso sí, nos poníamos reglas: podíamos conocer muchachos, pero salir solas jamás, por seguridad. Siempre salíamos todas juntas. Fue algo muy bonito. Recuerdo una vez que estábamos en Irapuato y conocimos a unos muchachos que tocaban la guitarra enfrente del hotel. Había una placita con un pequeño quiosco, y ahí cantamos horas y horas. Olguita cantaba muy bien, con una voz suave y educada. ¡Qué hermosos recuerdos!

Tengo muchos recuerdos de aquella escuela, pero hay uno en especial que atesoré siempre en mi corazón. La directora tenía varios hijos, y todos vivían en la Colonia Azteca. Cuando su niña mayor, Mercy, iba a primer año, le pidió a su madre que la pusiera en mi grupo. Sin embargo, la directora le dijo que no, porque yo en ese momento tenía tercer año. La niña, ofuscada, le contestó: «Pues ponme en tercero, tú eres la directora». Mercy fue ese año y el siguiente a la escuela de su colonia, pero cuando llegó a tercero, volvió a pedirle a su mamá, y fue mi alumna.

El año que tuve a Mercy como alumna, hubo algunos concursos de matemáticas en la zona. En la escuela había cinco grupos de tercer año. La directora nos pidió a los cinco mejores estudiantes de entre esos cursos para sacar a los que representarían a la escuela. Ella elaboraba los exámenes para cada grado y los evaluaba. El día de la evaluación, los niños iban saliendo conforme se iban descalificando, y de los míos no salía ninguno. Al final, quedaron los cinco míos, y de esos sacaron tres, y entre ellos iba Mercy, mi niña. La recuerdo con muchísimo cariño. Nos fuimos al concurso de zona, donde había dos grupos de cada grado. Al final, mis niños sacaron el primero, segundo y cuarto lugar en aquella competencia. Fue hermoso, un orgullo.

En ese tiempo, entré a trabajar como docente en la Normal Superior. Además, regresé al CEU, pero ahora pidiendo trabajo. Me entrevistó el Prof. Coello, el hombre que me había dado la beca para ingresar en su momento. Su primera pregunta fue: «¿Por qué quiere trabajar en el CEU?». No me había reconocido. Sin titubear, le contesté: «Quiero regresar al CEU un poquito de todo lo que recibí. Yo no vengo preguntando cuánto pagan, yo quiero trabajar… yo soy Dora», y le recordé la historia del día en que me había otorgado la beca gracias a Don Jesús. Sonrió y me dijo: «He dado miles de becas y es la primera vez que alguien tiene este gesto». Me admitió como maestra de inmediato. Gracias al Señor, otra bendición: tenía trabajo en el CEU en la mañana, por la tarde en la Independencia —donde trabajé cinco años, hasta que me casé—, y en la noche en la Normal Superior.

En ese tiempo, mi hermano Jesús había terminado la preparatoria y ya era tiempo de que escogiera una carrera. Le pregunté un día: «Chuy, ¿qué vas a estudiar? José Luis y yo te ayudaremos a pagar». Me contestó muy serio: «Sobre eso quería hablar contigo». Me dice: «Mira, yo quiero estudiar medicina, pero quiero depender nada más de ti y no de José Luis». Confundida, le dije: «Tu hermano también quiere apoyarte, hijito». «No», me respondió, «si tú no me apoyas, mejor me pongo a trabajar». Le contesté: «De acuerdo, si eso quieres, así será. Tú dependerás de mí al cien por ciento». Nunca olvidaré cómo me abrazó.

Así, Chuy entró a medicina y fue un alumno excelente. Era realmente brillante. Recuerdo que un día, uno de los compañeros de medicina de Jesús llegó gritando: «Señora, su hermano está loco». «¿Loco?», contesté yo. «¡Sí!», me respondió. «Mire, todos reprobamos anatomía, y Chuy no solo la pasó, sino que la exentó». Para el tercer año de medicina, llevaba más de un tercio de las materias exentas, incluso asignaturas muy difíciles como anatomía o fisiología.

Realmente, todos mis hermanos fueron siempre sumamente inteligentes. Mi hermano José Luis era muy dedicado y siempre sacaba los primeros lugares. Jesús, en cambio, era más descuidado, siempre andaba jugando fútbol, pero tenía una facilidad de aprender asombrosa. Con que leyera una vez el libro, ya con eso se lo había aprendido. Mi hermana Maricela también siempre fue muy inteligente y obtenía los primeros lugares en sus clases. Solo yo fui la «burrita», con algunas dificultades en la escuela. Solía reclamarle en broma a mi madre y decirle: «No se vale, mi reina hizo tres muy inteligentes y una burrita... Hubiera hecho a todos burros o a todos inteligentes...». Sin embargo, ella siempre me disculpaba.

Gracias a Dios, mis trabajos me permitían también atender a mi mamá, porque el seguro médico de los maestros la cubría, y no necesitaba batallar para conseguir sus medicamentos. Podía ser tratada de cualquier enfermedad y obtener cualquier cosa que ella necesitara. Sin embargo, el seguro no cubría a mis hermanos, por lo que aún debía distribuir correctamente la economía del hogar. Seguía pasando el tiempo, Maricela ya estaba en secundaria para ese momento. Yo trabajaba de mañana, y ella estudiaba en la noche. Me levantaba muy temprano, ya que en la Normal entrábamos a las 7 de la mañana, y debía tomar el camión a las seis menos cuarto para llegar a tiempo.

Trabajar en el CEU fue una gran bendición; aprendí muchísimo en aquellos tiempos. Creo que fue en aquel lugar donde realmente aprendí a ser maestra. Trabajé con varios cursos, desde primero hasta cuarto. Fui muy amada por mis alumnos, que me lo demostraron de muchas formas. Mi director, el Profesor Mario, fue un gran hombre, un gran maestro. Entre mis compañeros se encontraban grandes personas y excelentes profesionales, como la Prof. Celia Gómez Navarrete, la Prof. Martha García, Belén, Florecita, el Prof. Porfirio y otros.

¿Recuerdan que les dije que tenía la meta, desde que era niña, de comprarle una casa a mi reina? Bueno, para ese entonces ya estaba ganando una cantidad considerable de dinero con mis tres trabajos. Mi hermano José Luis, a su vez, ya trabajaba como ingeniero y ganaba un buen dinero también. Hablé con él y le dije que quería que le compráramos una casa a mamá entre los dos. Sin embargo, mi hermano, muy molesto, me dijo: «¿Estás loca?

¿Cómo crees que me voy a endrogar 10 o 15 años con una casa para mamá? Mira, mejor le arreglamos aquí y todo estará bien». Vivíamos en San Bernabé y esas casas eran mías, de hecho, pero no eran lo que había soñado para mi reina. Entendía las razones de mi hermano, quien pronto se casaría y tendría que comprar una casa. Sin embargo, no iba a abandonar mi meta.

Un buen día vi en el periódico un anuncio que decía: «Separe su terreno con $1000 en la Colonia Valle Verde». Llamé al número adjunto, me puse de acuerdo con el Sr. Medellín, el representante de ventas, y acudí a ver con él varios terrenos en diferentes colonias. Al fin, me gustó uno y lo separé con algo de dinero que tenía ahorrado. Sin embargo, necesitaba conseguir un crédito bancario para fincar. En aquellos años no daban crédito a mujeres solteras.

Para entonces seguíamos viviendo en San Bernabé, un lugar con mucha lluvia y mucho lodo. Un día llego a mi casa y encuentro a mi reina muy contenta. Le pregunté qué le pasaba, y me dijo: «Oye hija, un amigo de tu hermano le renta la casa que tiene en la Colonia Santa Cecilia. Le cobra $800 por mes para que vivamos allí». Comprendía las razones de mi madre para querer mudarse de San Bernabé a un sitio más cómodo, pero también conocía a mi hermano. Me puse seria y le dije: «No, reina, porque José Luis va a pagar el primer mes, pero los demás los voy a acabar pagando yo. No, reina, no. Yo quiero comprarte una casa, pero no puedo ahorrar para esto y pagar renta».

Mi madre se molestó mucho y empezó a decirme que pobrecito de su hijo, «que trabaja en la oficina y vuelve aquí todo enlodado». Mientras discutíamos, llegó mi hermano y dijo: «Ya la separé a la casa, aunque tú no quieras». La discusión se tornó fuerte, con José Luis apoyado por mi madre. Al final, le dije: «Bueno, pues bien, llévate a mamá y tu catre. Todo lo demás me lo dejas porque lo necesito. Cómprale a mamá todo lo que se necesita en una casa. De aquí no sacan nada, solo su ropa». Yo estaba muy molesta, y la situación me parecía verdaderamente injusta.

Obviamente, José Luis no podía con la carga de llevarse a mamá sin nada más que su ropa, y se quedaron en San Bernabé. Mientras tanto, yo tocaba puertas para un crédito con una hipotecaria que tenía un interés más elevado que el banco, pero al fin me otorgaron el crédito anhelado. ¡Gloria a Dios! Cuando por fin mi hermano comprendió mi decisión, me apoyó; me acompañó a ver fachadas de casas y firmó como aval del crédito. En diciembre, me ayudó con una pequeña parte del dinero para pagar la escritura.

Para poder fincar, necesitaba tener cubierto el 25 o 30 % del valor del terreno, y yo prácticamente lo acababa de comprar. Esto representaba otro obstáculo, pero ahí estaba mi Señor Jesucristo para auxiliarme. El papá de Olguita, a quien estaré eternamente agradecida, me prestó $5000, pagaderos hasta el próximo diciembre. Y así fue, ya podíamos poner manos a la obra. Construir una casa no es tan sencillo; hubo mil vueltas con el arquitecto, mil corajes y mil discusiones. El trabajo y el sacrificio dieron sus frutos, y la casa se terminó. Mi reina sabía de todo esto, pero no le dejamos ver la casa hasta que nos cambiáramos. Nunca olvidaré la emoción en su rostro. El 15 de mayo de 1975 estrenamos nuestro nuevo hogar.

Yo tenía en ese tiempo dos terrenitos en la Colonia Granja Sanitaria, y los vendí para comprarles camas a mis hermanos, los muebles de la sala y otras cosas. Comencé pagando 1500 mensuales de hipoteca, pero me ayudaba con la renta de las dos casitas de San Bernabé. En un principio recibía quinientos pesos por mes de aquellas casas, después aumentó a 700, después a 1000, y al fin 1500, y de esta forma, a los pocos años, ya no pagaba nada de mi trabajo, sino que se pagaba con las rentas. ¡Gloria a Dios!

Como les he contado, toda mi vida desde niña ha sido a través de metas. Puedo decir que desde niña nunca he pasado un año sin una meta. Algunas, como la casa, han tardado años, pero llegó. Glorifico a mi Dios porque hasta mi vejez seguí estableciendo nuevas metas y no dejé de cumplirlas.

# Capítulo 7



*Jehová es mi pastor; nada me faltará.*
SALMO 23:1

Dios me acompañó siempre, y mis metas se iban cumpliendo. Ejercía la docencia con dedicación y esfuerzo, había logrado grandes cosas en el Yerbaniz y había conseguido comprar la casa tan anhelada para mi reina. Sin embargo, en el plano del amor, mi corazón estaba muy dañado, no quería saber nada de nadie. Después de la gran decepción que significó la ruptura de mi noviazgo con Enrique, luego de casi 9 años de relación, mis sentimientos se habían congelado como un lago en invierno. Llegué a pensar que nunca más me volvería a enamorar.

Mi noviazgo había terminado en diciembre de 1973. En los años siguientes, conocí a algunas personas, pero no me sentía capaz de comenzar una nueva relación. Incluso conocí a un hombre interesante, que era viudo y tenía hijos. Sin embargo, mi amiga Olga me disuadió, y se lo agradezco en gran medida, porque no era para mí. Mi madre me decía: «Tienes que darte una oportunidad, con otra persona». Resignada, le decía: «Es que no me gusta nadie». Ella me decía: «Es que buscas otro igual». Yo pensaba que tal vez tenía razón, pero ¿qué podía hacer con aquellos sentimientos?

Tres años después de la ruptura y con mi corazón hecho un cubo de hielo, conocí a través de un compañero de la Normal Superior a un amable muchacho llamado Tirso. Parecía agradable, y lo saludé cordialmente cuando nos presentaron, pero no me gustó. En los sucesivos días, Tirso apareció por la salida de la escuela para saludar, aunque yo no le daba importancia. Al cuarto o quinto día, mientras caminaba hacia la parada del camión

"

con mi amiga Juanita, lo vi acercarse decidido. Juanita se rio y me dijo: «Te veo mañana». Yo no estaba interesada en conocer a aquel muchacho y le dije a Juanita: «No, espérate», pero ya era tarde. Resignada, saludé a Tirso y comenzamos a caminar y a platicar. No nos conocíamos aún, solo nos habíamos presentado y saludado hasta entonces. Realmente era un muchacho muy amable y era agradable charlar con él, aunque no sentía deseos de entablar otro tipo de relación en ese momento.

A pesar de mi negativa inicial, a través de las semanas y los meses subsiguientes, Tirso y yo nos hicimos muy amigos. Nos contamos todo sobre nuestras vidas, le platiqué sobre mi decepción tan grande con Enrique. Tirso me inspiraba mucha confianza y hasta lloré con él, y él me platicó sobre una coincidencia que yo hasta ese momento desconocía. Me dijo: «Yo también vengo de un noviazgo largo, de 10 años, y ella me dejó por otro, pero la vida sigue, Dorita, para ellos y para nosotros». Me pidió que fuera su novia. En ese momento, rechacé el ofrecimiento y le dije sinceramente: «Yo no puedo querer a nadie; si pudiera, me gustaría enamorarme de ti, pero no puedo; no te ofrezco nada, tú sabes». No obstante, seguimos saliendo como amigos, cada vez más seguido.

Siguieron pasando los meses. Tirso y yo nos la pasábamos juntos. Cuando yo no estaba trabajando, íbamos a tomar un café, a cenar o a caminar. Poco a poco nos íbamos conociendo y charlando más y más sobre nuestras vidas, nuestros sueños y planes. Cómo los dos veníamos de noviazgos largos y no concretados, cómo ambos estábamos tan lastimados y por eso nos entendíamos. Un día, incluso llegué a decirle: «Tirso, eres un gran hombre; si yo pudiera, me enamoraría de ti». Sonrió y contestó: «Pues, vamos a intentarlo». «No, no puedo, ya te dije», le respondí.

Tirso siempre fue un hombre serio, educado y fino. Como amigos, me llevaba siempre a lugares bonitos a comer, cenar o merendar. Era muy atento y caballeroso. Una tarde estábamos cenando en un restaurante. Nunca lo olvidaré, era una palapa muy grande, con clima, un lugar muy elegante. Nos trajeron la cena en unos comalitos y comencé a comer. En eso, sentí que Tirso me miraba, y en ese momento alcé la vista. Lo sorprendí viéndome con una mirada llena de amor, e inmediatamente le dije: «Tirso, no te enamores de mí, yo no te quiero, me siento a gusto a tu lado, pero no te quiero. Ahora, si el estarnos viendo tan seguido te provoca esto, vamos a dejar de vernos». Me sonrió y dijo: «No, no pasa nada». Y así siguió nuestra amistad.

En una ocasión, Tirso me regaló una tarjeta, y entre muchas cosas bonitas me escribió una frase que quedó grabada en mi corazón para siempre. Decía: «Dorita, nuestras vidas son dos barcas en medio del océano a punto de naufragar, permíteme llevar el timón de tu vida». A partir de allí, fui conociendo al hombre interno, no tanto al externo; y cada día le encontraba más cualidades. Sin embargo, mi corazón aún se encontraba roto. Quería y apreciaba sinceramente a Tirso, pero aún no podía sentir amor por él. Recuerdo que le decía: «Tirso, la mujer que se enamore de ti se va a sacar la lotería, eres muy buen hombre. Si pudiera enamorarme de ti, qué bueno, pero no puedo».

Pasó el tiempo y un día él me volvió a proponer un noviazgo. Volví a negarme y le dije: «No, sabes que conmigo no; no pierdas tu tiempo, búscale por otra parte». Sin embargo, seguíamos saliendo y nos enojábamos por cosas tontas, como si fuéramos novios. Un día, no recuerdo por qué nos enojamos y Tirso dejó de ir por mí a la Normal. Pasaron tres o cuatro días y no aparecía. Juanita me notaba rara y me decía: «Háblale por teléfono». «Eso sí que no», decía yo, «jamás». Al fin, el viernes de aquella semana estábamos en el salón, y Juanita entró corriendo. Me abrazó y me dijo: «¿Quién crees que está ahí afuera?» «No me digas», le respondí atónita. «Sí, ahí está Tirso», me dijo.

Aquel día me di cuenta de que comenzaban a aflorar en mi corazón sentimientos casi olvidados, que creía que ya no volvería a sentir. Me estaba enamorando de aquel amable y paciente muchacho. «Creía que ya te habías olvidado de mí», le reproché apenas lo vi. Sonrió, me miró fijamente y me dijo: «Jamás». Aprovechando esta situación, me volvió a pedir que formalizáramos un noviazgo. Era el mes de noviembre de 1976, y desde aquel día jamás volveríamos a separarnos.

Nuestras personalidades siempre fueron muy diferentes. Creo que siempre nos complementamos, y eso ha sido un gran pilar de nuestra relación. Yo siempre fui muy extrovertida. Tirso, en cambio, fue siempre más serio e introvertido. Me gustaba gastarle bromas, y recuerdo particularmente dos de ellas. Tirso me preguntaba siempre por qué usaba pantalones y jamás me ponía un vestido. Simplemente me sentía más cómoda usando pantalones, pero se me ocurrió decirle que era porque tenía un pie seco y no me gustaba mostrarlo, para ver cómo reaccionaba. Con el tiempo, se me olvidó decirle que era broma, y un día Tirso me regaló un vestido y me dijo que no le importaba mi pie, y que seguramente me vería muy bonita.

En otra ocasión, le dije que mi hermano Jesús era en realidad mi hijo, y que por eso teníamos tanta diferencia de edad. Se lo dije en broma, preguntándome para mis adentros qué reacción tendría Tirso. Pasaron algunos días y me dijo muy serio: «Yo sabré ser un buen padre para el niño entonces». Me dio muchísima ternura, me reí y le dije que era una broma. Él se enojó un poco y me dijo: «No me vuelvas a hacer ese tipo de bromas». ¡Qué gran hombre!

Le platiqué acerca de Tirso a mi madre. Sin embargo, no quise que fuera a mi casa hasta estar yo segura de que realmente quería continuar con la relación. Nos veíamos en el centro los domingos y a mitad de semana, y me acompañaba a tomar el camión. A los seis meses de noviazgo, me propuso matrimonio. Sin embargo, en ese momento consideré que aún había pasado poco tiempo y le dije que no.

Tirso volvió a proponerme matrimonio en diciembre de 1977. En ese tiempo, yo tenía pensado comprarme un carro para ir y venir a mi trabajo, y se lo conté a mi madre. Por alguna razón, ella entendió que le iba a comprar un carro a mi hermano José Luis. Gritó de alegría, me abrazó y me besó. Me dejó tan desarmada que no le quise aclarar que el carro era para mí. Llegó mi hermano y mi madre, antes de que yo abriera la boca, le dio la noticia. Él me miró y me dijo: «Bueno, ¿y qué carro piensas comprarme?» ¡Oh Dios, qué enredo! Busqué en mi cabeza rápidamente una solución plausible. «Bueno», le dije, «necesito que me des tu aguinaldo, yo voy a poner el mío para el enganche». José Luis, sorprendentemente, accedió. Me dio una parte de su aguinaldo y compramos un Tsuru de agencia muy bonito. El resto, él lo pagó.

Mientras tanto, Tirso me seguía insistiendo en casarnos. Todo me parecía demasiado dinero y yo no quería seguir haciendo gastos. Sabía que, si nos casábamos, implicaría para mí una serie de gastos extra, como ropa para toda mi familia, por ejemplo. Y había cosas que quería hacerle a la casa. Finalmente, le dije: «Tirso, terminando el año escolar, nos casamos, el día que tú quieras». Ilusionado, me preguntó: «¿Cuándo terminas el año escolar?». «El 30 de junio, ¿qué te parece?», le respondí.

Pusimos fecha para el 2 de julio y fuimos a la iglesia, pero ya estaba todo ocupado para ese día. Conseguimos fecha para el 8 de julio. Así fue, y fue uno de los días más felices de mi vida. Me casé sumamente enamorada, como una adolescente. Me sentía amada, protegida, respetada. ¡Meta cumplida! ¡Gloria a Dios! El Señor me quitó algo que yo creía lo mejor para mí, que había sido mi relación con Enrique, pero no, mi Padre Dios me tenía algo mucho, mucho mejor. Le doy al Señor toda la gloria y la honra por este hermoso hombre que me dio como esposo, un gran esposo. Como padre, excelente; como yerno, lo máximo. Cuando comenzamos nuestro matrimonio ya éramos relativamente grandes los dos, yo tenía 30 años y él 35, aunque nos sentíamos de 20.

Pasamos por muchas pruebas hasta llegar el día de la boda. Un breve tiempo antes, cuando decidimos definitivamente casarnos, Tirso me dio dos libretas de ahorro de diferentes bancos y me dijo: «Mira, este es el dinero que tengo para la boda». Yo no abrí las tarjetas. Le dije simplemente: «Está bien». No me importaba realmente el dinero, ya que siempre había trabajado duramente para proveer a mi familia. Tirso me pidió que con ese dinero me comprara un vestido de $10 000, que en aquellos años era muchísimo dinero. Él quería una boda en una quinta con una buena orquesta, con vino encargado en EE. UU., mariachis y todo en grande. Sin embargo, me dijo: «Así me gustaría, pero se va a hacer lo que tú quieras». A mí, sinceramente, me parecía demasiado gasto. Le comenté: «Yo quisiera un vestido de 1500 o 2000 pesos». Molesto, me contestó: «Oye, esos son de primera comunión». Le respondí: «Tú dices que se va a hacer a mi gusto, bueno».

Así, comenzaron las discusiones fuertes. Me di cuenta de que mi futuro esposo tenía una buena suma de dinero en los bancos, y me parecía mucho más inteligente usarlo para enganchar una casa y casarnos, claro, con una boda más sencilla. Pero Tirso no quería. Casi todos los días peleábamos por este motivo, hasta que un día me cansé y le dije: «No, Tirso, tú y yo no lo vamos a hacer, pensamos completamente diferente y también vemos las cosas de manera distinta, y eso que todavía no nos casamos, ya estamos peleando por temas de dinero. No nos conviene». Le entregué las tarjetas de los bancos y le dije: «Búscate una mujer igual que tú, que le guste gastar el dinero en una noche. Yo no sé cuánto tiempo tardaste en juntarlo, pero se me hace injusto gastarlo de esa manera». Molesto y orgulloso, me contestó: «Yo no quiero eso», señalando las libretas. Estábamos en un café, yo me paré, él recogió las libretas y nos despedimos.

A los pocos días, Tirso volvió a buscarme y platicamos. Me preguntó qué planes tenía. Le dije: «¿Por qué no enganchas un terreno?» «Bueno», me dijo, «¿dónde te gustaría?». Le respondí: «En Cumbres, quinto sector». Fuimos a Cumbres entonces a ver terrenos. Eran hermosos, claro, aunque caros. Elegimos uno, Tirso dio un buen enganche por la escritura y le quedó poquito para la boda. Le dije entonces: «Yo quiero la boda en mi casa, con tocadiscos», y así fue.

Olguita, mi amiga, tenía unas primas que atendían una boutique de vestidos de novia. Una tarde, fuimos juntas a por mí vestido. Me presentó con su prima, que era muy simpática, y me dijo: «¿Cómo de cuánto lo andas buscando?» Yo le respondí: «1500 o 2000». La prima de Olguita sonrió y dijo: «No, no tenemos nada de ese precio». Yo contesté: «Bueno, pues ni modo, vámonos». En eso, dijo la dependienta: «Oye, Olguita, tenemos uno de una muchacha que tenía que recogerlo hace dos meses y ya no vino por él. Ella abonó 3500 pesos y nada más adeuda 2500». Sin embargo, negando con la cabeza, Olga dijo: «No, ese vestido está salado, ese no». Yo, que siempre he visto más la oportunidad que la superstición, le dije: «Estás loca, claro que me lo mido». ¡Otra bendición! Parecía hecho a mi medida, no había nada que soltarle ni que ajustarle. Me quedaba algo largo, pero era algo sencillo de resolver. Por lo demás, estaba a mi medida. Algunas de mis amigas de la Normal me habían dicho que me regalarían el ramo y otras la corona, pero este vestido traía ramo y corona, así que les dije a mis amigas que gracias, que venía ya completo. Para regalarme algo de todas formas, entre todas pagaron 1000 del vestido. ¡Gloria a Dios! Solo pagué 1500 por aquel vestido hermoso.

Los preparativos seguían. Decidimos contratar a una persona para la cena y fuimos a conocerla y hacer una prueba. Comenzó a decirnos los platillos y los precios, los cuales me parecían un poco altos. Después de haber visto varias opciones, le pregunté: «¿Cuál es el platillo más económico que tiene?» Me dijo: «La ensaladita de pollo». «¿Cuánto cuesta?», pregunté. El precio me parecía adecuado, y era formidable cómo la servía, con sopa de codito, puré, chile y galletas saladas. Tirso, cuyo plan inicial incluía, como les conté, hasta vinos importados, me dijo: «No, yo no les voy a ofrecer ensalada de pollo a mis amigos». Le dije firmemente: «Al que no le guste, que no se la coma, así de sencillo». Y así fue.

Cuando ya nos íbamos a casar, le dije a mi reina que nos ayudaran a buscar casa, porque necesitábamos que nos entregaran los muebles. Mi madre me dijo entonces: «Dora Elia, ustedes no tienen necesidad de buscar casa, esta es tuya, hija, todo lo que hay aquí tú lo compraste, vénganse a vivir aquí». Me gustó la idea, y se la comuniqué a Tirso. Sin embargo, resultó en un choque. Tirso me dijo: «¿A quién le compró esta casa?» Le respondí: «A mi madre». «Entonces esa casa no es suya, es de ella y tiene hijos solteros. No, Ud. y yo vamos a buscar una casa», me dijo él. Le platiqué esto a mi reina, que rompió a llorar y me pidió que me quedara allí. ¡Qué difícil! ¿Qué hacer? Tirso y yo discutimos fuerte varias veces por esto, hasta que me dijo un día: «Dora, escúchame: siempre he vivido en casa de alguien, tengo ganas de tener mi casa, mover una silla o lo que sea, y sentir que es mi casa». Lo entendí y acepté que viviéramos solos.

Mi reina lloró mucho el día de mi boda. A ninguno de mis hermanos les lloró como a mí. Usualmente, no podía ver llorar a mi madre, porque inmediatamente yo lloraba, aun sin saber el motivo, pero ese día era tan grande mi felicidad que no pude derramar ni una sola lágrima. Le decía: «¿Por qué lloras, madre? No te voy a desamparar, usted siempre va a depender de mí, ¿por qué te sientes mal?». Ella no decía nada, solo lloraba y lloraba.

La casa de mi madre tenía un jardín muy bonito con zacate y rosas de todos los colores y tamaños. Allí pusimos varias mesas, y otras atrás, y dentro de la casita armamos el baile. La casa se veía hermosa ese día, había luces por todos lados, las mesas con sus arreglos, las flores, todo era hermoso. Mi madre me dijo: «Pareces quinceañera». Aquel 8 de julio de 1978, la temperatura estaba casi a 42 grados. Hacía un calorón tremendo. En mi juventud era muy recatada en mi ropa, y me decía Tirso: «¿Por qué no usas blusas o vestidos de tirantes?». No me gusta, decía yo, me da pena. Y él me compró una blusa blanca de tirantes muy bonita para estrenarla por si me quitaba el vestido blanco, y así fue. Conservo varias fotos de aquella noche, y creo que realmente me sentaba muy bien.

Para nuestra luna de miel, Tirso había comprado boletos para ir a Guadalajara aquella misma noche. El autobús salía a las 23:00, y con la cena y el baile se nos fue el tiempo. En un momento, Tirso me miró alarmado y me dijo: «Ya son las diez treinta, nos dejó el autobús». «No», le dije, «ya pagaste los boletos, vamos para allá ya mismo». Corriendo, me di una lavadita, me cambié, tomé las maletas y mi hermano nos llevó en carro a la Central. Íbamos contra el tiempo, y mi hermano se metió a la estación por donde salían los autobuses. Le pitaron el chiflón, pero él no se paró y alcanzamos el autobús.

Fuimos a Guadalajara y luego a Puerto Vallarta. Regresamos y traíamos 5000 que nos quedaban luego de la boda y el viaje. No obstante, no le debíamos a nadie. Tirso me compró un paquete de muebles que tenía sala, comedor y recámara. Compró la estufa en Sears y sacó el refrigerador a plazos. Nos fuimos a vivir a una pequeña casita de la INDECO. Así comenzaba nuestra nueva vida: los dos bendecidos desde el primer día.

# Capítulo 8

*Con Cristo estoy juntamente crucificado, y ya no vivo yo, mas vive Cristo en mí; y lo que ahora vivo en la carne, lo vivo en la fe del Hijo de Dios, el cual me amó y se entregó a sí mismo por mí.*

GÁLATAS 2:20

Cuando regresamos de nuestra luna de miel, Tirso me entregó su primera quincena como marido y mujer. Me dijo: «Vi unos zapatos que me gustaron». No le di importancia y comenzamos a separar el dinero: para la renta, el mandado, otros gastos, etc. Y me dice: «¿Me das para los zapatos?». «¿Qué?» le pregunté. Me dijo: «Ya te había dicho que me gustaron unos zapatos». Le contesté: «Ah no, señor, usted tiene zapatos nuevos, los de la boda, y aparte trae ocho pares en sus cajas. No, señor, no todo lo que nos gusta lo vamos a comprar». Se molestó y me dijo: «Yo estoy acostumbrado así». «Bueno, estabas, porque ahora somos dos, no tenemos carro ni casa, tenemos que ahorrar». ¡Primera discusión de casados! Discutimos, pero no se compraron los zapatos.

No teníamos casa propia todavía, ni carro, así que debíamos ahorrar para poder pagar las cosas poco a poco. Nos casamos como la mayoría de los novios, enamoradísimos. Empezamos a caminar juntos, claro, aunque hubo algunos incidentes y discusiones, como es normal, fuera de eso fuimos siempre muy felices. Había amor, respeto y madurez. Andábamos en camión, aunque por poco tiempo, ya que en diciembre de 1979 compramos nuestro primer carro. Casi lo pagamos al contado, costó 150 000 y teníamos 100 000, nos quedó un abono muy pequeño. Al poco tiempo nos pidieron la casa y nos cambiamos a una cuadra de la casa de mamá, para más tranquilidad. ¡Qué felicidad!

Al año y dos meses de casados, Tirso y yo recibimos a nuestra primera hija, Lizbeth. ¡Qué alegría! Fuimos inmensamente felices, incluso a veces discutíamos porque los dos la queríamos llevar en brazos; casi siempre él la cargaba y yo la pañalera. Era morenita y muy linda, y aumentó con creces nuestra felicidad con su nacimiento. Mi embarazo fue un poco molesto, con vómitos y no soportaba ciertos olores, pero al fin llegó nuestra ansiada primera bebita. Cuando nació, nos fuimos un tiempo a casa de mi reina. Iba por una semana, y fueron tres meses. En ese tiempo, le daba gracias a Dios por haber obedecido a mi esposo al no habernos ido a vivir a casa de mi madre. Aprendí que no hay como estar una en su casa.

Tiempo antes, nos trajimos de Tempoal a una prima de mi esposo, Claudia, que quería estudiar. Le dijimos: «Si quieres, nosotros te apoyamos y tú nos ayudas en la casa y con la bebé cuando nazca». Claudia estudió con nosotros la preparatoria en el CEU. Al nacer la niña, ella la cuidaba, y durante el día yo venía volando del trabajo para que ella se fuera a la prepa. Traté de darle a Claudia todo lo necesario: ropa, amor, calzado, libros, gastos personales; era una ayuda mutua. Claudia nos ayudaba con la nena y mi madre se encargaba de la cocina. Mis hermanos y mi madre comenzaron a comer en mi casa, gracias a Dios.

Había pasado como año y medio de vivir Claudia con nosotros, cuando sus «amigos» comenzaron a decirle que la teníamos como sirvienta y tantas otras cosas, y se fue. Sufrió mucho, pero ni modo, escuchó más la voz de sus amigos, que luego la abandonaron. Nosotros conocimos a otra hermosa muchacha que nos ayudó por mucho tiempo.

Antes de casarnos, había hablado con Tirso y le expliqué mi responsabilidad hacia mi reina y mis hermanos. Jesús estudiaba medicina, una carrera cara entonces y ahora, y Maricela, mi hermana, iba a ingresar a la Facultad de Psicología. Además, yo sostenía la casa de mi madre en todo. Bendigo a mi Dios porque mi esposo y yo nunca tuvimos una discusión, aunque mis cheques a veces se iban completos a Valle Verde. Era una condición que le puse antes de la boda.

Así pasaron cinco años. Maricela terminó la facultad, pero tardó un año en conseguir trabajo, y yo la seguía sosteniendo. Al año, le dieron trabajo en la SEP. La mandaron fuera, a Linares. Íbamos a dejarla, pagábamos su estancia allá, sus gastos y camiones de ida y vuelta. A los tres o cuatro meses, comenzó a percibir sueldo y entonces sí, la dejé como responsable de ella y mamá. Se sintió mucho, pero ya era tiempo.

En aquellos años vivían solo Maricela y mi reina en Valle Verde. Jesús, mi hermano, ya no vivía allí desde hacía un tiempo. Él tenía una novia, y estando en el último año de Medicina la dejó embarazada. Entonces, su familia le pidió que se casara con ella. Yo, que pagaba su carrera desde el minuto cero, le dije: «Cásate si quieres, pero no me dejes la facultad; aquí con mamá hay techo y comida, como se pueda saldremos adelante». Me respondió: «No, voy a trabajar». «Te ruego», le decía yo, «no, Jesús. Sin título no te van a dar trabajo en ningún lado, es un año como mucho y vamos a salir adelante», pero no quiso.

Hablé entonces con Cristina, mi cuñada, esperando encontrar un apoyo, y no lo encontré. Ella me dijo: «Tiene que trabajar, Dora, ya mero nace el niño y no tenemos cuna, portabebés ni nada de lo que se necesita». Traté de convencerla. Mis hermanos y yo nos habíamos criado en la pobreza extrema, por lo que me parecía terriblemente egoísta aquella postura. Le dije a Cristina que el niño, con o sin cuna, iba a dormir, con o sin andador, iba a caminar, y que esperara al menos un año para que Jesús terminara la carrera. No pude convencerla, sin embargo. Jesús se salió de la Facultad cuando le faltaba un año para terminar su carrera. Me dolió mucho, y lloré de impotencia. Al poco tiempo, se fueron de la casa de mamá. Ahí vivieron como dos años solamente. Por eso, para cuando se recibió mi hermana, ya vivían las dos solitas.

Maricela se hizo cargo entonces de la comida y los recibos, pero no de la casa, ya que eso se pagaba con las rentas de San Bernabé. Al fin, se terminó de pagar la casa. Le dije entonces a mi reina: «Mira, ya se pagó la casa, ya tenemos las escrituras, así que te voy a dar la renta de San Bernabé para ti». Aunque Maricela se hacía cargo de la casa, yo le daba dinero a mi reina cada quincena. Siempre traté de que ella tuviera su dinero para que no dependiera de nadie. Además de ese dinero, le quería dar las rentas, y me dijo: «No, hija, con lo que me das me sobra. Ahórralos para ti, yo no los necesito». «Bueno, déjame ver», le dije, «las casas son mías pero las rentas son tuyas, lo que tú decidas yo lo acepto. Piénsalo».

Me fui a casa y al otro día, temprano, me habló por teléfono y me dijo: «Hija, sí acepto lo de la renta, pero no sé si te va a gustar lo que voy a hacer». Le contesté: «Lo que tú quieras, mi reina, yo lo aceptaré sin ninguna condición». ¡Oh sorpresa! Me dijo: «Se las voy a dar a José Luis». En ese tiempo, mi hermano no trabajaba. No me parecía justo, pero era su decisión. Sin embargo, le pregunté con voz trémula: «¿Las dos, mamita?» Me dijo: «Sí», y le dije: «Ay, mamita, dale una y quédate con la otra». Me dijo: «No, las dos». Yo le había prometido respetar su decisión, y así fue por algunos años.

En ese tiempo, José Luis sacó en Sears tres máquinas para carpintería porque decía que quería ser carpintero, a pesar de tener un título en ingeniería que no estaba usando. Le fue mal, y ya no pudo pagar las cuotas. Un día me llamó Blanca, su esposa, diciéndome que habían ido a su casa unos abogados de Sears buscando a mi hermano por la deuda, que se agrandó por los intereses, y que lo iban a meter al penal. ¡Dios mío! ¿Qué hacer? Me vi en la necesidad de vender mis dos casitas de San Bernabé y pagar totalmente la deuda de mi hermano. Como dice el dicho, los bienes son para remendar los males, y ese fue el fin de las casitas.

Para ese entonces, mi hermano José Luis ya no tenía empleo. Había trabajado 10 años en la empresa John Deere, donde había empezado de joven como Ingeniero Industrial, aunque rápidamente fue ascendiendo hasta convertirse en gerente de toda una planta. Como era una empresa norteamericana, le pagaban su sueldo en dólares. Era un excelente trabajador; sin embargo, por un reajuste de personal, perdió su trabajo. Le dieron una muy buena liquidación, que puso en el banco y le daba muy buenos intereses. Luego, tomó ese dinero y lo puso en la bolsa de valores. Comenzó a ganar muy bien con eso. Yo le decía: «Busca un trabajo», pero él me contestaba: «Los intereses que gano en la bolsa representan más dinero de lo que me pagarían en una empresa».

Pasaron unos años, y él vivía solo de sus rendimientos, y todo siguió así hasta que, en una temporada, la Bolsa de Valores cayó sorpresivamente. José Luis fue perdiendo dinero, pero esperó para retirarlo, pensando que era algo temporal. Cuando ya vio que estaba perdiendo demasiado, intentó sacar lo que le quedaba, pero fue muy tarde, y ya solo restaba una muy pequeña parte que pudo recuperar. Después de eso, la vida de mi hermano nunca más volvió a despegar.

Mi esposo siempre fue un gran hombre. Eso se extendió hasta tolerar lo intolerable en relación a mi hermano José Luis. En una ocasión, se dio una situación realmente grave que puso a prueba nuestro matrimonio. ¿Recuerdan que antes de casarnos enganchó un terreno en Cumbres quinto sector? Bien, lo íbamos pagando poco a poco, mes tras mes. En enero de 1981, Blanca, mi cuñada, dio a luz a una bebita prematura, con seis meses de embarazo. La niña necesitaba una incubadora especial, que le costaba a mi hermano $5000 diarios en aquellos años.

Un día, vino José Luis a mi casa muy temprano y me explicó su problema tan grande. Yo lo escuchaba, sin saber lo que me iba a pedir, aunque sospechando algo, y de repente me dijo:

«Dora, necesito que vendas el terreno de Cumbres». «¿Qué?» le respondí. «Sí, Dora, es mi única salida, al rato tú ayudas a Tirso a comprar otro terreno, ya hablé con mamá y dijo que sí». Comprendía el problema que lo aquejaba, pero era realmente injusto que siguiera sacando la carta de mi madre siendo ya un hombre adulto. «Oye», le dije, «el terreno no es mío, es de Tirso y no sé si quiera venderlo». Me dijo: «Convéncelo por favor, no tengo con qué pagar», y lloró.

Luego de meditarlo, ese día se lo dije a Tirso, que se negó. Discutimos mucho, lloré, le supliqué, y al fin accedió. Me dijo: «Eso es lo que tengo para ti y nuestros hijos, pero tú sabrás, si lo quieres regalar». Le dije que sí. «Bueno», me dijo, «dile a tu hermano que él se encargue de venderlo y que le den el dinero en la mano». Fui a ver a José Luis y le expliqué que mi esposo aceptó, pero que debía ocuparse él de venderlo. Me contestó: «No, ¿cómo crees? Yo no tengo tiempo para venderlo, dile que él se encargue». ¡Oh, Dios!

Finalmente, a los cinco días de nacida, falleció la niña, y no vendimos el terreno.

En 1981 nació nuestro segundo hijo, Josué. Fue un niño hermoso, grandote y sano. Mi niña pesó al nacer 3,960, y Josué 4,250. Yo ya había terminado de trabajar en la Normal Superior, así que solo trabajaba en la SEC y en la primaria por la tarde. Lizbeth tenía 1 año y 5 meses cuando nació su hermano, por lo que se nos juntaron dos bebés de biberón y pañales. Fue algo difícil. Pero gracias a Dios, salimos adelante. Fueron años complicados, ya que mi bebé era muy lloroncito, y había noches que dormía solo dos o tres horas.

Nuevamente, Dios nos bendijo en el año 1981, y al fin compramos nuestra casita, que fue entregada el 15 de agosto de 1982. Mi nena cumplió tres años en aquella casa. Ya teníamos carro, casa y familia, y nos faltaba la última bendición, nuestro tercer bebé. En 1983 nació Oziel, el último de nuestros hijos. Y así formamos nuestra familia. Éramos felices, pero había un vacío inexplicable que sentía en mi corazón, aunque aún no sabía bien qué era lo que nos faltaba.

Recuerdo cuando vivíamos en Valle Verde, a media cuadra de casa de mamá. Ya teníamos a Lizbeth y a Josué. Un día, vino mi hermano José Luis con un libro negro bajo su brazo. Yo, con dos bebés, tenía demasiado trabajo y estaba bastante cansada. José Luis me dijo que quería compartirme algo, sacó su libro y ¡era una Biblia! Me quedé asombrada porque sabía de sobra que José Luis era ateo, seguidor de la doctrina de Carlos Marx y solo creía en el sol que lo alumbraba. Ahora, allí estaba, sentado en mi cocina con una Biblia mientras me presentaba a Cristo Salvador. Comenzó a leer, no recuerdo qué. Yo estaba molesta y le dije: «¿Estás loco o qué tienes? Primero no hablabas de otra cosa que no fuera Carlos Marx y su comunismo, según tú con todas las virtudes, y ahora de Cristo, ¿pues qué tienes?».

Yo era católica, porque ahí había nacido, fui bautizada, tomé la comunión y fui confirmada; hice todas esas cosas. Es más, iba a misa bastante seguido.

Pasó el tiempo y mi hermano nos invitaba regularmente a la iglesia donde asistía, pero poníamos mil pretextos para no ir. Un día vino y nos hizo una invitación especial; nos dijo que iba a venir no sé quién, que iba a estar muy interesante. Yo le dije a mi esposo: «Vamos, para que nos deje de poner gorro». Y fuimos. ¡Oh sorpresa! Todo era diferente a mi iglesia. Se llevaron a mis bebés a unas cunas donde había unas señoritas que los cuidarían, nosotros pasamos a una clase dominical donde la pastora era la maestra. Nos prestaron una Biblia, aunque claro, no sabíamos manejarla, y escuchamos una clase bíblica con Biblia en mano. Después pasamos al culto.

Algo nació en mí aquel día. Entendí la palabra del pastor, algo que no me pasaba en la iglesia católica. Sin embargo, a mi esposo, que era muy católico, no le gustó, y comenzamos a tener problemas una vez que compartimos opiniones al respecto. Después, iba yo sola con mi niña, y mi hermano pasaba por mí, pero al llegar a casa era pleito seguro. Hasta que un domingo, mi esposo me dijo: «Oye, Dora, si vas a seguir con los hermanos, mejor nos divorciamos», y le contesté: «Si quieres, claro que sí. ¡Oh! Yo pago el divorcio», le dije.

Al siguiente domingo fui a la iglesia, y la pastora me preguntó por Tirso. Le platiqué todo y ella me dijo: «No, hermana, no. Regrésese a su casa y sométase a su marido. Mire, la hermana Juanita oró 30 años por su esposo y Dios le dio la victoria, ahora su esposo es hombre fiel». Le contesté: «¿Treinta años? Ay no, mejor me busco otro marido». Lo dije en broma, pero ojalá no lo hubiera dicho, porque la pastora me dio una santa regañada, y ya no volví a aquella iglesia.

Le compartí a Tirso lo que me había dicho la pastora y le dije: «Ya no voy a ir, pero tampoco a tu iglesia». Y así, nos alejamos de Dios, o, mejor dicho, de su casa, y fueron los años más difíciles de nuestro matrimonio. No había pleitos, pero aun teniendo quien nos ayudara, era demasiado el trabajo. Se nos iban los días, los meses y los años, y nosotros seguíamos cargados de trabajo.

# Capítulo 9



*La mujer sabia edifica su casa;*
*mas la necia con sus manos la derriba.*
Proverbios, 14:1

*Hijitos míos, no amemos de palabra ni de lengua, sino de hecho*
*y en verdad.*
1 Juan 3:18

Creo que ya es hora de que les hable un poco sobre la vida de mi maravilloso esposo y compañero de vida. Tirso nació en Tempoal, Veracruz, en 1943. Hijo de Melitón y Pánfila, quedó huérfano de madre a sus cinco años, junto a sus hermanos; Chayo, de 3 años, y María Teresa, de 5 meses. Su padre tenía problemas de alcoholismo. Luego de la muerte de su madre, los niños quedarían viviendo alternativamente con sus abuelos maternos y paternos. De esos años, Tirso siempre recordaría que en Tempoal había un río, en el que aprendió a nadar siendo muy pequeño.

Desde niño, Tirso trabajó en una tienda, ayudando, cargando, acomodando, y haciendo otras tareas físicas. Cuando cumplió diez años, lo llevaron a trabajar de mozo de limpieza a una casa rica de Tempoal. En aquella casa le inculcaron valores y le dieron muy buenas enseñanzas, entre ellas la honestidad. Los dueños de la casa le daban permiso de comer o beber lo que quisiera, y jamás tuvo necesidad de robar algo. Sin embargo, era un niño muy solitario, que sentía que le faltaba paz, le faltaba seguridad en la vida. La gente de aquella casa también lo trataba muy mal en ocasiones, y no tenía a nadie que lo defendiera. Siendo adulto, contaría que muchas veces lloraba, de tristeza, de enojo, porque lo trataban mal.

Se sentía poco valorado y en desventaja, ya que por las condiciones de su infancia no pudo estudiar, y acabaría la escuela primaria ya siendo un adulto, luego de que le insistí bastante. ¡Gloria a Dios porque lo hizo!

Al cumplir 16 años, Tirso decidió que quería construirse una mejor vida. Tenía una meta en su corazón: salir adelante, aun teniéndolo todo en contra, sin tener a sus padres, y viviendo en una pobreza extrema. Ninguna de estas cosas hizo jamás que su carácter se amargara o se hiciera malo, sino todo lo contrario. Siempre fue un hombre amable y dispuesto a ayudar.

Así, inició una nueva etapa, trasladándose a vivir con sus tíos, Moisés Estrada Rodríguez y María de los Ángeles García Ostos, a Monterrey, Nuevo León. Tirso no tardó en acoplarse a la nueva familia. Realmente quería progresar en la vida y haría todo lo que estuviera a su alcance para lograrlo. Además, siempre había anhelado formar parte de una familia, y asumió activamente un rol de hijo mayor para sus tíos, y hermano mayor para sus primas y primos, quienes toda la vida lo llamarían «hermano».

Moisés trabajaba en una línea de transportes y comenzó a enseñarle a Tirso a usar la máquina de escribir, para que consiguiera trabajo más fácilmente. Para impulsar su aprendizaje, le regaló una máquina Olivetti, muy bonita, y lo hacía practicar tapando el teclado con una manta, para que Tirso aprendiese de memoria la ubicación de las letras y mejorase su desempeño. Lo empleó al poco tiempo como su secretario personal, y al cabo de unos meses, Tirso consiguió trabajo en una ferretería, donde trabajaría un breve tiempo. Luego ingresaría a trabajar en la compañía de transporte para la que trabajaba su tío. Allí hizo de todo, comenzó cargando y descargando camiones, y con el tiempo llegó a ayudar en la parte de administración y contaduría, a firmar cheques, entre otras tareas.

Cuando Tirso llegó a la vida de sus tíos, la familia la completaban sus primos Rosy, Saida y Moi. Pronto, nacerían Verónica, Patricia y Jorge. Tirso fue un hermano mayor para todos ellos.

Él y su tío Moisés eran muy unidos, se hicieron muy compinches el uno del otro. Juntos salían muy seguido a las terrazas de Monterrey, donde había salas de cine y espectáculos itinerantes. Al mismo tiempo, Tirso ayudaba muchísimo a María de los Ángeles a cuidar de los pequeños. Sabía dar biberones, cambiar pañales y atender rabietas. Conforme sus primos iban creciendo, su relación era cada vez más cercana. Incluso, los domingos Tirso les daba dinero para que comprasen dulces, momento muy esperado por los niños.

Tirso fue muy querido por su familia. Una vez, para uno de sus cumpleaños, sus tíos y primos le organizaron una fiesta sorpresa. Sin embargo, Tirso tuvo una emergencia de salud y debió ser internado en el hospital. Todo salió bien, y la fiesta se trasladó a la internación. Fue una noche muy bella y emotiva, y a Tirso se le olvidó la dolencia al verlos a todos reunidos allí en su honor.

Su tía le aconsejaba, a medida que iban pasando los años, que buscara una buena mujer para casarse. Claro que conoció a varias chicas, pero no tuvo nada formal con ellas. Tuvo una sola relación larga, con la chica que lo había dejado poco tiempo antes de que nos conociéramos, como les conté antes. Finalmente, como ya saben, en 1976 nos conocimos, y desde entonces jamás nos separamos.

Quiero mencionar algunas cualidades de mi esposo: siempre fue un hombre serio, responsable, trabajador, y honesto. Un buen hombre, no perfecto, como todos los seres humanos, pero un gran hombre. Como persona, esposo y padre ha tenido sus errores, pero han sido muchos más sus aciertos. Él siempre me ha amado y respetado. Hemos tenido diferencias, claro que sí, como todos los matrimonios, pero testifico que en nuestros treinta y ocho años de casados jamás he recibido un golpe, un aventón, un grito o una mala palabra. Jamás ha llegado tarde de forma injustificada un día, nunca pasó que no haya venido a dormir, o que se fuera con sus amigos y me dejara sola con los niños. Jamás. Desde que me casé con él, nunca supe cuándo se pagaba cada servicio de la casa, porque Tirso siempre se encargaba diligentemente de eso.

Tirso siempre fue un excelente padre para nuestros hijos. Cuando nacieron, se dedicó en alma y cuerpo a ellos. Algunos padres son buenos proveedores, pero no están presentes o no son amorosos; Tirso fue todo lo que se espera que sea un padre, y lo hizo excelentemente. Nos casamos siendo ya grandes, yo de 30 y él de 35. Al casarnos, se alejó de sus amigos y se entregó por completo a nosotros. Mi esposo jamás llegó tarde a casa después de su trabajo, por ejemplo. Él salía a las 5 de la tarde y me recogía en mi escuela a las 5:30. Llegábamos a casa, mandábamos a bañar a los niños, les dábamos de cenar, y cuando eran ya más grandecitos, los llevábamos los fines de semana a los juegos Manson, que estaban en el Río Santa Catarina, y luego a comer hamburguesas. Recuerdo que en 1988 vino el huracán Gilberto y se llevó todos los juegos.

Cuando el clima no acompañaba, Tirso rentaba películas de caricaturas para los niños, ponía unas cuantas cobijas en el suelo, les hacía palomitas y toda la tarde jugaban y veían películas. Tirso jugaba con ellos, hacía de «burrito», y cada chiquillo se subía a su padre y gritaba de felicidad. Yo no jugaba con ellos, pero me encantaba observarlos. A veces también se ponían a ver fotos de ellos mismos. Cada uno tenía su álbum, y así pasaban los sábados y domingos, lluviosos o fríos. ¡Fue un gran padre! También le gustaba participar en sus fiestas de cumpleaños, donde siempre se encargaba de la piñata.

Los fines de semana, si hacía buen clima, Tirso me hablaba por teléfono desde el trabajo y me decía: «Prepárate, te voy a llevar a cenar, háblale a tu mamá, voy a pasar por ella». Siempre estaba buscando alguna actividad para hacer en familia los fines de semana. En verano íbamos a las albercas, y en vacaciones íbamos todos a la playa. Tirso les enseñó a nadar a los niños desde muy pequeños. Como les he mencionado antes, Tirso nadaba muy bien desde su infancia, porque por Tempoal pasa el río Pánuco, y de niño le encantaba ir con sus amigos a nadar en el río. Se trata de un cauce de agua a veces violento, y con otros niños hacían el reto de cruzarlo. Por ello, Tirso gustaba de jugar carreras de nado con sus hijos, y todos le ganaban y se sentían felices, porque creían que le habían ganado a su padre. Oziel, siendo adulto, ha comentado entre risas: «Ay, papá, yo sí creía que le ganaba y les platicaba a mis amigos».

Tirso era un padre espléndido en paseos y vacaciones. Siempre nos quedábamos en buenos hoteles y dejaba que los chicos pidieran de comer lo que ellos quisieran. Mis hijos pueden dar testimonio de su padre. En Navidad, cuando esperaban a Santa Claus, los llevaba a la juguetería más grande de la ciudad y les decía: «Vamos a escoger qué le van a pedir a Santa». Claro, cada niño solía pedir lo más caro, y Tirso y yo discutíamos, por supuesto. Yo le decía: «No los llenes, deja que Santa les traiga los juguetes que él quiera, el niño es feliz con cualquier juguete nuevo». «No», decía Tirso, «que sean a su gusto, no al mío, ellos son los que van a jugar con ellos». Como es evidente, gastaba bastante en juguetes que después andaban rodando por la casa.

Lo mismo pasaba con la ropa. Cuando llegaba el verano, Tirso me decía: «El sábado vamos a comprarles ropa a los niños». Yo me deleitaba comprando ropa para Lizbeth, así que me ocupaba de ella, y le decía a mi esposo: «Bueno, tú compra la de los niños», y él se encargaba de eso.

Su vida profesional fue intachable. Después de trabajar en la empresa de transporte, Tirso consiguió trabajo en la compañía de acero de Monterrey, Deacero. Allí fue adquiriendo mucha experiencia, y gracias a su responsabilidad y su intachable puntualidad, fue ascendiendo rápidamente de puesto. Finalmente, trabajó en el departamento de compras de aquella empresa durante veinte años.

Uno de los pilares fundamentales de mi esposo en su trabajo en el departamento de Compras fue su honestidad. Siempre decía: «Podrán correrme por flojo o contestón, pero por ratero jamás». Claro que nunca fue flojo ni contestón, pero sí era sumamente honesto. Tirso nunca aceptó ni un peso de proveedores que le ofrecían regalos, viajes o dinero a cambio de darles un trato especial. Hasta sus compañeros le decían que era muy «tonto», porque usualmente los encargados del departamento de compras terminaban cambiando su casa en un año, y cosas así. Sin embargo, él nunca se dejó tentar.

Otra de las particularidades de mi esposo era su puntualidad. Jamás llegó tarde o faltó al trabajo, bajo ninguna circunstancia. A pesar de no haber estudiado secundaria, preparatoria o carrera universitaria, prácticamente tuvo siempre el trabajo de un contador. Tirso tenía, como decía su tío Moisés, «la escuela de la vida», y era sumamente bueno en su trabajo. Dios le dio el don de la administración.

Al poco tiempo de trabajar en el departamento de compras de la empresa, lo nombraron jefe de Compras, e incluso tenía como subordinados a personas con carrera universitaria. En los años 90 perdió su trabajo debido a la crisis económica, y al cabo de un año muy angustioso, consiguió empleo en el departamento de compras de una empresa aún más grande, Villacero, en la que trabajaría unos 15 años. Sin tener estudios, habiendo solo terminado la primaria, se perfeccionó en su habilidad para hacer compras internacionales. En ese entonces no había máquinas traductoras o Google Translator como tenemos actualmente. Tirso se hacía «machotes», papeles con notas sobre lo que tenía que decir cuando hablaba a Alemania, Estados Unidos, etc. ¡Qué hombre tan inteligente!

En paralelo, Tirso trabajó de manera voluntaria, durante más de 20 años, como tesorero de la Iglesia Bautista Cumbres. Como tesorero, fue especialmente dedicado, responsable y extremadamente honesto. Tanto es así, que los últimos dos pastores que llegaron a trabajar con él en la Iglesia Bautista Cumbres, cuando iban a otras iglesias, daban el testimonio de la vida y servicio de Tirso como tesorero.

Cada semana, él contaba el dinero que entraba como ofrendas de la iglesia, lo revisaba un par de veces, y si en alguna de esas cuentas le faltaba algo, aunque fuera un peso, revisaba hasta la mesa para encontrarlo. En alguna ocasión le llegué a decir: «Es un peso, Tirso, yo te lo doy». Él respondía: «Si fuera mi dinero, no pasa nada, pero este dinero no es mío, este dinero es del Señor».

En una ocasión, una hermana que era contadora se ofreció para ayudarle. Durante un año hicieron las cuentas en conjunto. Al final del año, le preguntaron a ella si quería volver a trabajar como auxiliar del tesorero, a lo cual ella dijo: «Doy gracias a Dios por la vida del hermano Tirso. Yo había escuchado lo que han dicho de lo cuidadoso que es con la tesorería de la iglesia, pero eso se quedó corto… Y no puedo volver a servir otro año porque es mucho trabajo. Mis respetos para el hermano Tirso».

Tirso tuvo contados amigos en su vida. Uno de ellos fue el hermano Guitrón, de la Iglesia Bautista Cumbres. Se llevaban muy bien, y me hice amiga de su esposa. En una ocasión íbamos a ir de vacaciones todos juntos a Disneyland, pero justo antes de eso, el hermano Guitrón perdió su trabajo y tuvo que irse a vivir a Tijuana, donde consiguió otro empleo.

Tirso era un hombre de pocos amigos, era callado, algo introvertido. Es increíble el parecido que guarda con él mi hijo Oziel. De hecho, muchas veces los llamé en broma «los iguales». Sin embargo, era un hombre inmensamente feliz, y nos hacía reír mucho a todos. Era amoroso y detallista con su familia adoptiva, a quienes nunca descuidó. Siendo ya adulto, acudía todos los viernes, sin excepción, a casa de sus tíos Moisés y María de los Ángeles, a comer con ellos y sus primos.

Era un hombre muy preocupado por sus hijos. Recuerdo que cuando Oziel tenía unos 12 años, los inscribimos a todos a clases de inglés. Entre semana, Tirso iba a casa a comer desde el trabajo, y de ahí los llevaba y dejaba en la escuela de inglés. En alguna ocasión, Oziel iba solo a la escuela, y había un muchacho un poco más grande que solía molestarlo. Así pasó un tiempo, hasta que mi hijo me lo contó, y yo se lo conté a Tirso. Sin decirle nada, un día lo llevó a las clases de inglés como de costumbre, y ahí estaba afuera el muchacho. Tirso volteó a ver a Oziel y le preguntó: «¿Él es el que te da patadas?». Oziel le contestó que sí. Entonces, mi esposo se bajó bien enojado del carro y le dijo al chico: «No le vuelvas a pegar a mi hijo, si quieres dar patadas, me las vas a dar a mí», y el muchacho solo peló los ojos y se quedó viéndolo con miedo. Nunca más volvió a molestar a Oziel.

Tirso también era muy protector con el resto de la familia. Cuando su tío Moisés enfermó, se quedó a su lado en todo momento. Todo comenzó un viernes, durante su almuerzo de costumbre. Moisés ya estaba muy mayor y casi no podía sostener la cuchara. Lo internaron el sábado, y el domingo, que era el Día del Padre, todos fuimos al hospital. A la semana, Moisés falleció. Fue un golpe muy duro para Tirso. En ese tiempo, su tía María de los Ángeles tuvo una caída y se fracturó la cadera. La cuidamos en el hospital y oramos por ella. Finalmente, Gloria a Dios, se recuperó.

Sin embargo, unos años más tarde, en 2018, la casa de los parientes de Tirso fue asaltada, y María de los Ángeles se llevó la peor parte de la agresión. Esto le trajo serias complicaciones de salud, y Tirso tampoco la dejó sola. Nos encargamos de cuidarla, de sus medicamentos y de orar por ella. Nuevamente, se recuperó.

Tirso siempre ayudó económicamente a sus tíos. Les daba una ofrenda mensual, sin faltar un solo mes, siempre puntualmente. En alguna ocasión, su tía lo puso de ejemplo frente a sus primos, porque era el único que seguía dándoles un apoyo económico, además de visitarla regularmente.

Durante la pandemia de COVID-19, en el año 2020, Tirso se ocupaba de mantenerse en contacto todo el tiempo posible con María de los Ángeles y con sus primos, para que no les faltase nada a pesar del aislamiento. Nunca olvidó a su familia, tal como siempre les prometió que haría.

# Capítulo 10



*De cierto, de cierto os digo: El que oye mi palabra, y cree al que me envió, tiene vida eterna; y no vendrá a condenación, mas ha pasado de muerte a vida.*

Juan 5:24

Corría el año 1982. En ese tiempo vivíamos en Valle Verde, a media cuadra de casa de mamá, y ya teníamos a Lizbeth y a Josué. Un día, vino mi hermano José Luis con un libro negro bajo su brazo. Yo, con dos bebés y mi trabajo, tenía demasiado y estaba bastante cansada. José Luis me dijo que quería compartirme algo, sacó su libro y ¡era una Biblia! Me quedé asombrada porque sabía de sobra que José Luis era ateo, seguidor de la doctrina de Carlos Marx, y solo creía en el sol que lo alumbraba. Ahora, allí estaba, sentado en mi cocina con una Biblia mientras me presentaba a Cristo Salvador. Comenzó a leer, no recuerdo qué. Yo estaba molesta y le dije: «¿Estás loco o qué tienes? Primero no hablabas de otra cosa que no fuera Carlos Marx y su comunismo, según tú con todas las virtudes, y ahora de Cristo, ¿pues qué tienes?».

Yo era católica, porque en aquella iglesia había nacido, fui bautizada, tomé la comunión y fui confirmada; hice todas esas cosas. Es más, iba a misa bastante seguido.

Pasó el tiempo y mi hermano nos invitaba regularmente a la iglesia donde asistía, pero Tirso y yo poníamos mil pretextos para no ir. Un día vino y nos hizo una invitación especial; nos dijo que iba a venir alguien de fuera, que iba a estar muy interesante. Yo le dije a mi esposo: «Vamos, para que nos deje de poner gorro». Y allí fuimos. ¡Oh sorpresa! Todo era diferente a mi iglesia. Cuando llegamos, se llevaron a mis bebés a unas cunas donde había unas señoritas que los cuidarían, y nosotros pasamos a una clase dominical donde la pastora era la maestra. Nos prestaron una Biblia, aunque claro, no sabíamos manejarla, y escuchamos una clase bíblica con Biblia en mano. Después pasamos al culto.

Algo nació en mí aquel día. Por primera vez, entendí la palabra del pastor, algo que no me pasaba en la iglesia católica. Cuando era niña, las misas eran en latín, y luego, cuando fueron en español, siempre se me hicieron largas y aburridas. Sin embargo, a mi esposo, que todavía era muy católico, no le gustó, y comenzamos a tener problemas una vez que compartimos opiniones al respecto. Las semanas siguientes fui yo sola con mi niña, y mi hermano pasaba por mí, pero al llegar a casa era pleito seguro. Hasta que un domingo, mi esposo me dijo: «Oye, Dora, si vas a seguir con los hermanos, mejor nos divorciamos», y le contesté: «Si quieres, claro que sí. ¡Oh! Yo pago el divorcio», le dije.

Al siguiente domingo fui a la iglesia, y la pastora me preguntó por Tirso. Le platiqué todo, y ella me dijo: «No, hermana, no, regrésese a su casa y sométase a su marido. Mire, la hermana Juanita oró 30 años por su esposo, y Dios le dio la victoria, ahora su esposo es hombre fiel». Le contesté: «¿30 años? Ay no, mejor me busco otro marido». Lo dije en broma, pero ojalá no lo hubiera dicho, porque la pastora me dio una santa regañada, y ya no volví a aquella iglesia.

Le compartí a Tirso lo que me había dicho la pastora y le dije: «Ya no voy a ir, pero tampoco a tu iglesia». Y así, nos alejamos de Dios, o, mejor dicho, de su casa, y fueron los años más difíciles de nuestro matrimonio. No había pleitos, pero aun teniendo quien nos ayudara, era demasiado el trabajo, y en esa carga se nos iban los días, los meses y los años.

El tiempo iba pasando, y cada día nos alejábamos más de Dios. Un día, mi esposo me dijo preocupado: «Oye, Dora, vamos a buscar a Dios, ¿qué esperas? ¿Buscarlo cuando veas a tus hijos perdidos o saliendo de un bar?». Aquellas palabras me hicieron estremecer. Mis niños todavía estaban pequeños, pero iban a crecer, iban a salir al mundo, y los tiempos eran cada vez más violentos. Tirso me dijo: «Vamos, Dora, es más, vamos a la iglesia que tú quieras». Le contesté: «¿De veras?». Me dijo: «Sí, a la que tú quieras». Sin embargo, después de tanto tiempo alejada de Dios, había llegado a un enfriamiento tal en mi corazón, que no quería ir a ninguna. Y le dije: «Ve tú, yo no quiero ir a ninguna».

Seguía pasando el tiempo, y un día, Tirso volvió a invitarme a que fuéramos a la iglesia. Esta vez, utilizó un argumento que me convenció en seguida: «Mira, vamos a la iglesia y de allí nos vamos a la carretera a comer». Acepté, y comenzamos a ir a varias iglesias, para «probar». La verdad, no me sentía a gusto en ninguna, de momento. Tirso, por su parte, sentía la necesidad de buscar a Dios por convicción personal.

Un domingo, Tirso me subió al coche, hicimos un breve recorrido, tomó la avenida Gonzalitos hasta el fondo y le dio un rodeo. Me dio mucho gusto, porque pensé que ya nos íbamos a comer. «Qué padre, ya vamos a la carretera», pensaba. Iba yo platique y platique, muy contenta, cuando de pronto se metió en un estacionamiento lleno de carros. Algo molesta, le dije: «¿Qué es esto, a dónde vamos?». Se sonríe y me dice: «Ahorita vas a ver». ¡Oh, Señor! Era otra iglesia.

Nunca olvidaré ese día. Era el 13 de abril de 1986. Irritada, entré detrás de Tirso y me senté de mal modo. Las maestras dominicales se llevaron a los niños a sus clases, y a ellos les gustaba mucho aquello. En eso, comenzó la prédica del pastor. Desconocía a aquel hombre que hablaba al frente, pero en sus palabras había claramente cosas de mi vida. Le di un codazo a Tirso y le dije: «Chismoso». Me dijo: «¿Qué tienes?». Al rato el pastor dijo algo más, otra frase que reflejaba aspectos de mi vida, y le di otro codazo a mi esposo. Le repetí: «Chismoso». Me contestó: «Yo no lo conozco, es la primera vez que lo veo».

Parecía increíble, pero como conozco a Tirso y sé que otra de sus muchas cualidades es que nunca fue mentiroso, le creí. «¿Entonces cómo sabe mi vida?», le pregunté. «Él no habla de tu vida, habla en general», me dijo. Pero no, yo estoy segura de que ese día fue especial para mí. Era el Señor quien me hablaba a través del pastor, y me habló de mi enfriamiento con Dios, de mi carga de trabajo en casa, en la escuela, de mi carácter, de toda mi vida.

Al final del culto, el hermano pastor hizo una invitación a la congregación para saber si alguien quería aceptar a Jesucristo en su corazón como nuestro único y suficiente salvador. Aquel día comprendí que Cristo es el camino, la verdad y la vida, y que nadie va al Padre si no es por Él. Entendí el mensaje, sentí la necesidad de aceptar a Cristo en mi corazón como mi único y suficiente salvador, y al llamado del pastor me puse en pie de un salto. Mi esposo ya estaba parado, pero yo, sumida en lo mío, no lo había visto. Ese glorioso día, mi esposo y yo recibimos a Cristo en nuestros corazones y nuestras vidas. El Señor nos cambió, y puedo afirmar que mi vida es un antes y un después de Cristo.

A partir de ese momento, nuestras vidas cambiaron en muchos aspectos. Por ejemplo, se establecieron los domingos como el día de ir a adorar a Dios, desde muy temprano en la mañana: escuela bíblica y culto. Los miércoles, culto de oración. Comenzamos a tener una comunión diaria con Dios. Nuestra vida siguió siendo hermosa, pero ahora estaba llena de paz y de gozo, cosas que no conocía, entre tanto trabajo diario y problemas cotidianos que debíamos enfrentar. Éramos felices, pero teníamos mucho trabajo, trabajo y trabajo. Siguió habiendo trabajo, pero ya no era lo más importante.

Los hermanos Camacho, un matrimonio de la iglesia, nos estuvieron visitando todos los viernes, una o dos horas por semana, por casi dos años. Nos enseñaron a conocer los libros de la Biblia, y nos convertimos en sus hijos espirituales. Así comenzó nuestra nueva vida. El Señor se encargó de irnos cambiando día a día sin darnos cuenta, y un día de diciembre nos bautizamos a través del bautismo bíblico, obedeciendo la ordenanza de Jesús.

Tirso le entregó completamente su vida a Dios. No tenía un testimonio duro o cruel como el de algunas otras personas, donde antes de conocer al Señor eran borrachos, drogadictos o jugadores. Sin embargo, desde que aceptó al Señor en su corazón, Tirso amó a Dios intensamente. En este tiempo acuñó una frase que, cuando el tema lo ameritaba, repetía. Decía: «La vida sin Dios carece de sentido». A veces la decía también de otra manera: «Una vida sin Dios, mejor no vivir». Realmente sentía y creía con convicción que el propósito de la vida solo se encuentra cuando encuentras a Jesús.

Nuestro Señor Jesucristo estuvo con nosotros en todo momento, incluso en los más complicados. En 1992, luego de veinte años de trabajo, Tirso fue despedido de su empleo, en medio de la crisis económica que azotaba a nuestro país. Estuvo al menos un año sin conseguir otro empleo. Fue un tiempo muy difícil para él y para toda la familia. Era muy complicado para él sobrellevar este obstáculo, pero encontró consuelo en la palabra de Dios. En Isaías 41:10 leemos: «No temas, porque yo estoy contigo; no desmayes, porque yo soy tu Dios que te esfuerzo; siempre te ayudaré, siempre te sustentaré con la diestra de mi justicia».

En la casa de Dios encontramos paz, seguridad y verdaderos amigos. Cristo ha prosperado nuestro matrimonio y nuestra economía. Siempre hemos hallado grandes respuestas a nuestras oraciones. Nuestro matrimonio fue restaurado completamente y vivimos muy felices. Nuestros hijos jamás tuvieron que padecer lo que nosotros en nuestra niñez. Han prosperado y buscan a Dios. Y todos tenemos vida eterna por siempre en Jesucristo, nuestro Señor. ¡Amén!

# Capítulo 11



*Jehová es bueno, fortaleza en el día de la angustia; y conoce a los que en él confían.*

NAHUM 1:7

Seguía pasando el tiempo. En nuestro hogar había alegría, paz y gozo. Sin embargo, un día comencé a sentir algunos dolores agudos en el estómago. No eran permanentes, pero sí muy intensos. Fui a consultar a mi clínica, me hicieron varios exámenes y me dijeron que probablemente era la matriz. Los cólicos comenzaron a ser más fuertes y seguidos; cuando no podía más, iba a la clínica, me inyectaban una medicación y se me quitaba el dolor.

Sin embargo, ese domingo, 11 de mayo de 1988, estaba yo preparando el almuerzo para irnos a la iglesia, cuando de pronto un cólico me dobló de dolor. Comencé a sudar frío, el dolor era muy fuerte, más de lo que había sido hasta entonces. Para ese tiempo, yo había bajado de peso; llevaba bajados, en ese último año, 10 kilos. Yo feliz, sin dieta y con 10 kilos menos, aunque eso no podía significar algo bueno, pensándolo bien. Aquel día, mi esposo me vio doblada y me preguntó preocupado: «¿Qué tienes?». «El cólico», le dije. Me dijo: «Cámbiate, vamos al hospital». Gracias a Dios, teníamos seguro de gastos médicos mayores por la empresa en la que trabajaba Tirso.

Mi esposo me subió rápidamente a la camioneta y, en vez de ir a mi clínica, me llevó directo al hospital. Me recibieron y les expliqué que era la matriz; no permití que me hicieran ningún chequeo. No quería dejar que aquel dolor interrumpiera todo lo que tenía que hacer esa semana. El médico del hospital me dijo que debía quedarme para hacerme unos estudios. Lo rechacé, porque en la escuela tenía sexto ese año, y ese lunes, al día siguiente, iban a presentar mis niños, yo quería estar con ellos. Me preguntó el médico: «¿A qué hora presentan sus niños?». «A la una de la tarde», le contesté. Me dijo, buscando tranquilizarme: «Para esa hora usted ya va a estar en su escuela, aquí los estudios son a partir de las seis de la mañana». Mi esposo, muy serio, me dijo: «Te vas a quedar». Le pedí que me dejara 20 pesos. El médico dijo: «No, señora, no necesita dinero, todo lo que quiera comer, nada más lo pide». Mi esposo lo miró y le dijo: «No, me pide para irse en camión, porque no trajo su bolso». Me adivinó el pensamiento. ¡Qué gran hombre!

Al otro día comenzaron los estudios. Me hicieron análisis de sangre, de orina, de todo, y los resultados salían mal, todo estaba contaminado. No me dejaron salir el lunes y me programaron para operarme ese mismo martes a las cuatro de la tarde. Mi madre, que en ese entonces vivía con mi hermana Maricela, se fue a mi casa a cuidar a los niños.

Ese martes, como a la una de la tarde, se me acercó el médico ginecólogo y me preguntó: «¿Es usted supersticiosa?». Contesté: «Para nada, ¿por qué?». «Es que hoy es martes 13», me dijo. «Teníamos una operación a la una, antes que usted, pero la paciente la canceló. ¿Cómo ve, en vez de entrar al quirófano a las cuatro, entra a las dos?». Dije que sí, «como no», pensé. «Tirso va a llegar a las cuatro y yo ya voy a estar operada, le voy a dar una sorpresa». Me había dicho el médico que esa operación solía demorar hora y media o dos horas a más tardar.

A la una y media fueron por mí a la habitación, estaba yo solita. La operación comenzó a las dos de la tarde, yo estaba anestesiada y no supe de nada. Por lo que me contaron, Tirso llegó como a las tres de la tarde y yo ya estaba en operación, lo acompañaba su tía María de los Ángeles. Según me han dicho, comenzaron a pasar las horas; dieron las cuatro, las cinco, las seis, las siete. A esta hora, mi esposo estaba como loco, no había noticias de mí y la operación no terminaba. Al fin terminó, a las diez de la noche.

El doctor llamó a mi esposo y le explicó que no era la matriz, sino que era otro problema mucho más grande. Cuando me abrieron, descubrieron que lo complicado estaba en otra parte. Me cortaron medio metro de intestino, me hicieron una colostomía y mandaron al laboratorio el pedazo que me cortaron para analizarlo, porque creían que era cáncer. Gloria a Dios, no lo era. Se trataba de una enfermedad poco común aquí en México, que se llama enfermedad de Crohn. Sin embargo, aún no me lo decían. Me pasaron a terapia intensiva, y allí estuve casi una semana.

Al día siguiente de haber sido trasladada a terapia intermedia, vino un médico nuevo, que yo nunca había visto, y me preguntó: «¿Cómo se siente?». Le dije la verdad: «Mal». Me miró muy serio y me dijo: «Tiene el derecho de saber la verdad, no le quitamos la matriz». Recuerdo que abrí los ojos lo más grande que pude, vi mi vientre sumamente inflamado, más que cuando estaba embarazada. Asustada, le pregunté: «¿Entonces por qué estoy tan panzona?». Se sonrió y comenzó a explicarme sobre el Crohn, sobre la operación, la colostomía… yo no le entendía nada. Me explicó que me habían tenido que raspar mis órganos internos porque estaban llenos de pus.

Yo sentí que había muerto la primera noche, en la operación. De hecho, tuve dos paros cardíacos. Gloria a Dios, me sacaron adelante. Incluso puedo decir que morí en el quirófano, porque recuerdo que fui a un lugar lleno de paz, donde no tenía dolor ni preocupaciones. En aquel lugar, en el que estuve brevemente, ni siquiera sentí preocupación por mi esposo o mis hijos, que estaban pequeños en ese momento, algo increíble. Sin embargo, aún no era el tiempo que Dios tenía para mí. Tenía sondas por todas partes. Recibía cero alimentaciones, solo suero, estaba casi agonizando, pero al fin, me fui recuperando paso a paso.

Pasó ese momento tan difícil, pero, Gloria a Dios, seguimos adelante. En esa prueba conocí a la que yo le digo mi suegra sin serlo, María de los Ángeles. Como les he contado, para Tirso ella siempre fue como su madre, y para mí es mi hermosa suegra. Digo que la conocí, no porque antes no la hubiera conocido, sino que la conocí como ese gran ser humano, llena de amor, de servicio a los demás, dándose en forma total sin esperar nada a cambio.

Ella me cuidó en el hospital todo el día, llegaba a las ocho de la mañana y se iba a las diez de la noche, cuando llegaba Tirso, que venía de trabajar y de pasar por la casa a hacer que nuestros hijos se bañaran, cenaran y se prepararan todo para el día siguiente. María de los Ángeles tenía todavía dos hijos solteros y a su esposo, y a esa hora se iba a su casa, después de cuidarme todo el día, para llegar a lavar, hacer la comida para otro día y tantas otras cosas en su propia casa. ¿Con qué podría pagarle a esta hermosa mujer? No hay nada, ni palabras, ni acciones para pagar este sacrificio. Le doy gracias a Dios por su vida, que Dios me la bendiga grandemente, Angelita.

Regresé a casa, volví a mi trabajo: la vida sigue. Mis hijos seguían creciendo, nosotros éramos grandemente bendecidos. Tirso era el responsable de mi hogar. Su dinero ha sido bendecido grandemente, completamos y nos sobra un poquito. ¡Gloria a Dios!

Varios años más tarde volví a pasar otra prueba muy dura de salud. Era el año 2001. Comencé a sentir que veía menos. Lo primero que pensé fue: «Soy diabética». No corroboré esto con ningún análisis, pronto me hice yo un diagnóstico y me dije convencida: «Es por eso». Sin embargo, el tema de la visión estaba empezando a ser un obstáculo en mis tareas diarias.

Mi hermano Jesús es médico, como les mencioné. Él se especializó en oftalmología, y por tanto sería el indicado para ayudarme. Le comenté lo que me sucedía y me dijo: «Te tengo que revisar la retina, ¿cuándo vas al consultorio?». Para esto, era casi fin de año escolar, yo estaba ocupada con mil cosas a la vez y se me hacía muy complicado acercarme al consultorio de Chuy.

Un día, a mi hijo Josué, que estaba en quinto semestre de Arquitectura en ese momento, le salió una bolita en el ojo. Lo llevé a consultar a la Secc. 50, la clínica que me correspondía, y le dieron una pomadita para hacerse las curaciones. Pasaban los días, sin embargo, y tenía el ojo cada día más cerrado. Un día, vino de visita mi hermano Jesús a casa y lo vio. Me dijo: «¿Por qué no me lo has llevado?». Le conté lo que le habían dado en la clínica. Me dijo: «De nada le sirve esto. Llévamelo el viernes, le tengo que dar una punzadita y taparle el ojo, pero para el lunes está listo para la escuela».

Aquel viernes, fui con Josué al consultorio de mi hermano. Le hizo la punzadita y le tapó el ojo, exactamente como había dicho. Cuando estábamos por irnos, me pidió que me sentara yo en el sillón para que me pudiera revisar. Le dije: «No, no, otro día». Molesto, Chuy me dice: «Súbete nada más, te voy a revisar, es un momento». Me tapó el ojo izquierdo y me puso en la pantalla la E grandota y todas las demás letras. Casi que las vi todas. Después me tapó el ojo derecho y me hizo el mismo estudio. Oh sorpresa, no veía nada, absolutamente nada con el ojo izquierdo. Realmente no supe cómo ni cuándo perdí la vista de ese ojo.

Me vio con el retinólogo, y parecía estar todo bien. Me mandó entonces a hacer otros estudios, pero no aparecía nada. Mi hermano Jesús me dijo entonces: «Te voy a mandar a que te hagan una resonancia». Me la hice. Allí estaba el motivo de mi parcial ceguera. Tenía un tumor bastante grande en la silla turca. Como no sé de medicina, cuando me dieron el diagnóstico dije: «Bueno, que me lo saquen», y le llevé los estudios a Jesús. Ese día tenía mucha consulta, así que lo esperé.

Conforme iba viendo los estudios, lo veía cada vez más nervioso. Le dije: «No te preocupes, hijo, si es un tumor, que me lo quiten». No podía ocultarlo; yo sé que cuando él se pone muy nervioso, un ojito le parpadea. Le dije: «No, mi amor, no pasa nada». Él, muy serio, me dijo: «El tumor está muy grande, en el mero centro del cerebro. Déjame ver qué se puede hacer».

Al día siguiente, me sacó una cita con un compañero de la Escuela de Medicina que era neurocirujano. Llevamos todos los estudios que me habían hecho. Los revisaron mucho entre ambos, hablaron de cosas que yo no entendía. Al final, nos dijo el doctor: «No hay nada que hacer, le quedan 9 meses de vida y en tres meses se queda ciega». Mi hermano le rogó, le decía: «Opérala, es mi hermana». El neurocirujano, tajante, le dijo: «Podría ser mi hermana, no hay nada que hacer».

Sentí un horrible vacío en el estómago. No podía hablar, ni llorar; me quedé muda. El doctor volteó y me dijo: «Señora, tiene 9 meses para que organice su vida, sus papeles, deje todo en orden». Para esto, yo había sacado cita en la Secc. 50 y fui con un neurólogo, que me dijo casi lo mismo: «No hay nada que hacer, le quedan 9 meses, y en dos meses queda ciega». Me mandó con un oncólogo, que también me dijo que no había nada que hacer.

Le conté todo esto a una de mis más grandes amigas, la Prof. María Luisa Saucedo, que había sido coordinadora en la clínica y conocía a varios médicos. Me dijo: «Te voy a llevar con el mejor que tenemos». Sacó cita y me llevó. El doctor analizó todos los informes que le presenté y me dijo: «Hay que operar ya, pero aquí no. Yo la opero únicamente en el hospital OCA, consígase $500 mil o $600 mil». Volteé y le dije: «Ay doctor, un maestro de banco difícilmente tiene esas cantidades. Lo de la caja sí lo completo, pero lo de la operación no». Mi amiga le dijo: «No, doctor, no podemos dejar que se muera la Profe Dorita porque no tiene dinero». El doctor dijo: «Bueno, déjeme ver si el sindicato la puede ayudar con un 20 %, unos 100 mil». Le dije gracias, pero aún no podía llegar a la cantidad.

Llegué a casa y le conté todo esto a mi esposo. Tirso, esperanzado, me dijo: «Remato la casa si me dan 500 mil por ella». Yo le dije: «No, espera, el doctor quiere hablar contigo». Pensaba que, si me pasaba algo, Tirso quedaría viudo, a cargo de nuestros hijos. No podría dejarlos sin casa, eso sí que no.

Esa misma semana, Tirso se acercó a hablar con el doctor que había aceptado operarme. Éste le explicó a mi esposo que solo había un 25 % de probabilidades de vida. Era una noticia inquietante, pero era una posibilidad, después de todo.

El doctor consiguió que mi sindicato pagara la operación de forma completa. Para ese momento, mi iglesia me estaba apoyando en oración por este problema tan grande. Una semana antes me internaron para hacerme una angiografía, con el fin de ver si era posible cauterizar el tumor, pero nada. Al hacerme este estudio descubrieron que lo que nutría el tumor no era una vena, sino una arteria, y no se podía hacer nada. Todo se complicaba aún más.

Recuerdo que cuando nos explicaron esto, estaba yo en cama; a un lado mío, en la cabecera, estaba Tirso, y a los pies, mi hermano Jesús. El doctor dijo: «Esto es muy delicado. Mira, Tirso, yo te había dicho que había un 25 % de posibilidades de supervivencia, ahora te doy el 5. Piénsalo bien, si quieres que la opere». Me miró seriamente y me dijo: «Usted también, maestra, debe dar su opinión, es su vida. Si no la opero, puede vivir 8 o 9 meses, aunque le aclaro, pronto va a perder la vista, pero va a oír a sus hijos, los va a poder abrazar, poner todo en orden».

En ese entonces, mi hija estaba esperando su primer bebé. Miré a Tirso y le pregunté: «¿Cómo ves, amor, me opero?». No me respondió, estaba como petrificado. Volteé a ver a mi hermano y le dije: «¿Cómo ves, Chuy, me opero?». Mi hermano me miró y dijo con firmeza: «Claro que te operas, no nos vamos a sentar a esperar la muerte». Y dije: «Si mi hermano, que no es creyente, tiene fe… Amén, me opero».

El doctor insistió: «Me van a tener que firmar ciertos documentos donde ustedes están de acuerdo, aun con este pequeño porcentaje de vida. Y lo van a firmar los dos», dijo refiriéndose a mi esposo y mi hermano. «No quiero después enfrentarme a demandas. Desde ahorita les digo que va a ser una cirugía muy larga, de 20 a 24 horas. Esos tumores son más duros que una piedra, además, como está sobre una arteria, puede haber un derrame cerebral. La señora puede quedar semiparalítica, paralítica, sin capacidad de hablar, o con serios problemas de motricidad. ¿Aun así se quiere operar?».

«Sí», contesté con firmeza. «Bueno, la opero el viernes. Se interna a las cinco de la mañana y a las ocho comienza la operación».

Como habrán podido comprender a través de mi relato, desde muy pequeña pasé por momentos difíciles en mi vida. Yo creía ser fuerte, y no lo soy; creía ser mujer de fe, y fallé. Bendigo a mi Dios por cómo me habló en este periodo, a través de mi hijo Oziel. Sus palabras me reconfortaban, me llenaban de fe, de esperanza, de paz. Un día, estaba yo sentada en el sillón, muy pensativa, y en eso pasó Oziel y me dijo: «¿Qué tienes?». Sonreí y le dije: «No, nada». Se me quedó viendo y me dijo: «Tienes un gran problema». Yo, pronto me acomodé y le dije: «Sí, muy grande». Y contestó: «Pero más grande es mi Señor. Él es el que hizo el cielo, la tierra, a ti, a mí, el que levanta muertos, y Él, mamá, nos va a hacer un gran milagro, pero no para que te quedes ahí sentada, sino para que vayamos a dar testimonio de «Este Gran Dios», Jesús, que hizo milagros hace 2000 años y los sigue haciendo. Iremos a dar testimonio, porque la gente dice creer y no cree, dice tener fe y no la tiene, dice conocer al Dios verdadero y no lo conoce. Así que prepárate, madre, porque tendremos mucho trabajo».

En otra ocasión, me levanté muy llorona. Sentía mucho dolor de cabeza. Oziel estaba en la planta alta. Subí y le dije: «Hijo». Y me preguntó: «¿Qué tienes, mamita?». Le dije: «No sé, ora por mí, ya no sé si lloro porque me voy o porque me quedo». Inmediatamente, mi hijo oró por mí; hizo una oración hermosa, habló de personajes bíblicos que también pasaron por pruebas, pero al final Dios les dio la victoria.

Oziel pidió ayuda en oración a muchas iglesias de aquí, de muchos otros lugares: de México, Centro y Sudamérica, Estados Unidos, en fin, de muchos lugares.

El jueves, un día antes de mi operación, se organizó en mi iglesia, la Iglesia Bautista Cumbres, una velada de oración, desde las ocho de la noche hasta las seis de la mañana. ¡Qué hermoso! La iglesia estaba llena, había niños, jóvenes, adultos, todos ahí juntos pidiendo a una sola voz, por un solo motivo: ¡la operación! Se oró, no solo por el médico responsable, el Dr. Víctor Manuel Leos, sino también por los enfermeros, por el anestesista, por los instrumentos, por el hospital, por el corazón, y por un milagro. Por mil motivos, todos sobre la operación.

Tuve la oportunidad de arrodillarme y ponerme en paz con Dios. No había lágrimas, no había encargos, solo había paz. Lo único que le decía era: «Mi vida te pertenece, Señor. Si me has de tomar, recíbeme en tu reino, y los que se queden no están solos, tú estás con ellos». Nos fuimos a casa alrededor de las doce de la noche, para que pudieran dormir un poco mi esposo y mis hijos, pero parece ser que la única que durmió esa noche fui yo; a los demás se les fue el sueño.

También hubo otras muestras de cariño, de unidad, de gente que me apreciaba, como el Profesor Pedro Pequeño, que cuando supo lo que costaba la operación, me habló por teléfono y me dijo: «No, Profesora Dorita, por el dinero no se preocupe, voy a hablar con el Prof. Mario Leal y haremos una rifa entre los maestros de Monterrey, rifaremos un carro y sacaremos lo que usted necesite». ¡Grandes amigos! Que Dios los bendiga grandemente a ellos y a sus familias. No fue necesario, gracias a Dios, porque el sindicato cubrió todo.

Desde que comenzó la prueba, cada momento iba recibiendo nuevas bendiciones: ¿Quién me operaría? Nadie quería, y apareció aquel doctor. ¿Cubrir el total? Dios proveyó. ¡Tranquilidad! Solo Él. Otro milagro de Dios en mi vida.

Todos los días me hablaba mi pastor anterior de la iglesia, el Hno. Rogelio García Casares, un gran hombre, un gran siervo de Dios. Rogelio ya no era mi pastor, pero todos los días me llamaba y me decía un versículo: Nahúm 1:7, que dice: «Jehová es bueno, fortaleza en el día de la angustia, y conoce a los que en Él confían». Con este versículo me llenaba de esperanza, de fe, de paz, porque me recordaba a cada momento que Dios es fiel, lleno de misericordia y poderoso.

También nuestro primer pastor, el Hno. Eliezer Jáuregui, que pastoreaba en ese momento una iglesia en Guadalajara, me llamó varias veces. Gracias a Dios por las vidas de estos hermosos hombres. Ambos ya están con el Señor.

Puedo testificar, además, que Dios hizo también un milagro en la forma en la que pasé esta prueba. En todas las consultas médicas, el doctor me preguntaba con preocupación si había tenido migrañas fuertes, desmayos o cualquier otro síntoma. Gracias a Dios, no tuve nada de eso, excepto un día en que me dolió la cabeza.

Y al final, ¡el milagro! Solo Dios, sea a Él toda la gloria y la honra. Aquel viernes me levanté a las cuatro y me bañé. Tenía que hacer ayuno total. A las cinco nos fuimos al hospital. Cuando llegamos, me pasaron a un cuartito, y nos quedamos unos momentos allí mi esposo y yo. Al rato llegaron mis hijos, los tres, y pasamos ahí un buen rato bromeando. En ningún momento hubo palabras de despedida o encargos. Nada de eso, mucho menos lágrimas. Yo estaba tranquila, fortalecida, en paz.

A las 7:30 me visten como de astronauta, con gorro y una especie de botas, y me dan una pastillita muy pequeña. Me dicen: «Tómela con lo mínimo que pueda tomar de agua». Me dijeron: «Despídase, ya nos vamos». Volteo y veo sus cuatro caritas, veo a mi hija, que en ese entonces tenía dos meses de embarazo, a punto de tirar el grito, y le hago un gesto como regañándola. Subo mi mano y le hago una seña con el dedo gordo, diciéndole:

«Hasta el ratito». Hasta ahí me acuerdo, la anestesia ya comenzaba a hacer efecto.

Para esa hora, el hospital ya estaba lleno de gente: toda mi familia, mi suegra, y mis grandes amigos. Le habían dicho a mi hermano Jesús que sí le iban a permitir estar en la operación, pero se quedó vestido y alborotado, ya que el hospital finalmente no lo permitió.

Intervino un buen número de médicos en esta operación, y uno de ellos conocía a mi hermano, quien le iba informando a medida que pasaban las horas. Jesús me dijo luego que la operación inició las 10 de la mañana por diversas circunstancias. A esa hora, los médicos se acercaron a mi familia y les dijeron que aquello iba a ser muy largo. Mi esposo me contó que llevó a almorzar, o desayunar, a nuestros hijos y al Hno. Pastor René Medellín. A su regreso hicieron unos cuantos pedidos de oración.

Era un viernes, y en aquel tiempo mis hijos estaban en la facultad, uno en arquitectura y el otro en FIME. Yo les había dicho: «No falten, hijos, vayan a la escuela, y en la tarde se van al hospital. El doctor dice que mínimo van a ser veinte horas, ¿qué van a hacer ahí tanto tiempo?». Oziel me contestó muy serio: «Mamá, te he obedecido siempre, pero ahora no, voy a hacer lo que tengo que hacer». Claro, él se refería a orar, ustedes saben. Dice mi esposo que para ese momento ya veía sin ver y escuchaba sin oír.

A las 4 de la tarde, salió el doctor que me operó, Dr. Leos, y le habló a mi esposo. Tirso me ha contado que sentía que iba como caminando entre nubes para esa hora. El doctor le dijo: «Siéntate, Tirso», muy sonriente y frotándose las manos. Mi esposo pensó en un primer momento: «No pues, la que se fue es mi mujer, por eso está contento, porque ya acabó todo». Tirso esperaba que el doctor le dijera que yo había fallecido, porque no había pasado ni la mitad del tiempo que le habían dicho que duraría la operación.

El doctor le dijo: «Tirso, todo fue un éxito. No sé qué pasó, pero pudimos quitar más de la mitad del tumor. Ya no seguimos porque el corazón nos estaba dando problemas. Tu mujer está bien, está en terapia intensiva y en una hora pueden verla». Mi esposo se quedó perplejo, ni las gracias le pudo dar, no se podía parar. El doctor se retiró y Tirso comenzó a llorar, de gozo, de gratitud a Dios por este gran milagro. Salió a darles la noticia, pero como iba llorando, mi hija lo vio y rompió en un llanto tal que no escuchaba a su padre, que le decía que yo estaba bien.

Dicen que hubo un gran alboroto: todos gritaban, se abrazaban, le daban gloria a Dios, y fue un gran festejo. Para entonces yo estaba sedada, no sabía de nada.

A la hora, pasaron algunas personas a verme. La primera en entrar fue mi gran amiga María Luisa Saucedo; detrás venía mi esposo, mis hijos, mi suegra y no sé quién más, pero yo recuerdo únicamente a mi suegra, que llegó cantándome una canción para niños, una canción de cuna. Decía: «Vamos a la cama, vamos a dormir», y no sé qué más. Mi hija, con su carita toda llorosa, me preguntó: «¿Cómo te sientes, mamita?». Le contesté: «Llorona, bien, hijita», y le pregunté: «¿Estoy pelona?». Parece ser que a todos los que me visitaron ese día les hacía la misma pregunta.

¿Por qué preguntaba esto? Bueno, el Dr. Leos, antes de operarme, me había dicho que tendría que raparme. Cuando me dijo esto, me reí y le contesté: «No, doctor, no puedo andar pelona». Para ese momento, yo era subdirectora de una secundaria, y le dije: «No me la voy a acabar, fea, vieja y pelona, no, no me la voy a acabar». Sin embargo, finalmente no hizo falta que me pelaran. Una vez más, ¡Gloria a Dios! Por este gran milagro.

Al siguiente día me pasaron a piso. Era sábado, la habitación estaba llena de amigos y familia, mi iglesia optó por orar en casa y en la iglesia, y darle la oportunidad de acompañarme en el hospital a la familia y amistades. Todo iba bien, pero ese sábado, como a las tres o cuatro de la tarde, me dio un dolor de cabeza muy fuerte. Me pusieron algo en el suero y el doctor canceló las visitas. ¡Qué pena! Mi hijo Oziel parecía un policía, no dejaba entrar a nadie. Salía muy amable, les daba información, pero no permitía la entrada a nadie. Había personas que venían de lejos; ni siquiera a ellas. Y yo me molestaba con él, pero él ganaba.

Al poco tiempo, pude volver a mi vida cotidiana. A la semana de salir del hospital, mi esposo me llevó a cenar unas enchiladas muy ricas, nunca lo olvidaré. Fue una cita, como cuando éramos novios. Manejaba muy despacio y con mucho cuidado. En diciembre, inicié nuevamente mi trabajo, no hubo secuelas de ninguna especie, ¡fue un milagro completo! Solo un Dios como el nuestro hace estos milagros.

# Capítulo 12

*Cada cual ayudó a su vecino, y a su hermano dijo: Esfuérzate.*
Isaías 41:6

Como ya les he contado, ser maestra ha sido para mí una pasión y una vocación. Fue un anhelo que sostuve desde mi más tierna infancia hasta poder concretarlo. Ejercí siempre mi magisterio con amor y dedicación, y estoy orgullosa de todos los niños y niñas que han pasado por mis aulas.

Después de haber trabajado en la escuela Independencia, pedí cambio a la Escuela Año del Senado. Ahí trabajé durante ocho años. Fui muy bendecida, a pesar de algunas dificultades que se presentaron y que debí aprender a sortear. Recuerdo que cuando ya hacía un tiempo que trabajaba en aquella escuela, el director me mandó a hablar. Me explicó que muchos compañeros y compañeras que trabajaban allí excluían a su esposa de las «cuestiones sociales», o, dicho de otra manera, no la querían como amiga, sino que solo la veían como una compañera de trabajo.

Me pidió que yo fuera amiga de su esposa, a lo cual le dije que no había ningún problema, que de hecho yo ya la consideraba mi amiga desde antes de que él me lo pidiera. Sin embargo, él aclaró que lo que realmente me pedía era que su esposa debía ser mi única amiga en la escuela, y no ninguna otra maestra. Le expliqué que eso no lo podía hacer, porque tenía amigas muy queridas ahí en la escuela. Sinceramente, me parecía un pedido muy extraño y egoísta. El director se molestó mucho, pero yo no creí estar haciendo nada incorrecto o malo.

A raíz de esto, para el siguiente año, el director quiso vengarse. La asignación de los grupos se hacía en junio, antes de salir de vacaciones. Las maestras de primero me dijeron que, por orden del director, se había formado un grupo «especial» y que me lo iba a dar a mí. Su intención era muy evidente. Hizo cinco grupos de alumnos: el grupo «A» era de puros 10's, el grupo «B» de puros 9's, el grupo «C» de 8's, el grupo «D» de 7's y todos los reprobados los juntó en el grupo «E». Yo pensé: «No voy a aceptar ese grupo, de ninguna manera». Bueno, llegó agosto, nos entregaron nuestros grupos correspondientes, y, por supuesto, ese era el que me habían asignado: el segundo Grupo «E».

Dado que yo ya había terminado de trabajar en la Normal Superior, le había pedido al director que me dejara trabajar con los grupos mayores. Específicamente, le pedí un quinto año, ya que tenía varios años trabajando solo con primeros y segundos. Sin embargo, y a raíz del «problema» con su esposa, el director no me hizo caso; hacía como que no me escuchaba. Mis compañeros le decían: «Director, la profesora Dorita le está pidiendo la palabra, y lo que le está pidiendo es justo, ella ya terminó la Normal Superior». Me apoyaron mucho. Ese día hasta lloré, pero ninguna de mis quejas fue escuchada: ese sería mi grupo. El quinto se lo dieron a una maestra recién salida de la Normal Básica.

Ese día, Tirso fue como todos los días a las 17:30 a buscarme a la escuela, después de salir de su trabajo. Me vio llorando y me preguntó preocupado: «¿Por qué lloras?». Junto a mí estaba mi amiga Blanquita, una compañera maestra, que le dijo: «Es que el director la hizo llorar». Tirso se molestó demasiado. Dijo: «Deja, ahorita hablo con este viejo, tú no estás sola». Cuando Blanquita vio la reacción de Tirso, dijo: «No, no señor, es que Dora le dijo muchas maldiciones». En eso, Tirso empezó a caminar hacia la dirección. Yo lo agarré de un brazo, y Blanquita del otro, y nos llevaba arrastrando. Dijo: «No conociera yo a Dora, ella no dice maldiciones, ahorita va a ver este viejo». Finalmente, pudimos detenerlo y le dije: «Es que estoy llorando de felicidad porque ya me dieron un grupo que yo quería», y fue entonces como lo convencimos de ya no avanzar. Aunque, claramente, era todo lo contrario: me habían dado el peor grupo a manera de «castigo».

Llegué a la casa, iba triste y, por alguna razón que ya no recuerdo, estaba mi hermano José Luis ahí en la casa. Le platiqué de mi problema, y él muy tranquilo me dijo: «¿Y por qué no lo quieres?». «¡Ay, qué pregunta!», le respondí. Me dijo: «Dora, tú no estás sola, Dios te va a ayudar. Agarra ese grupo contenta y verás lo que el Señor hará». Sus palabras me tranquilizaron. Dios me había hablado a través de mi hermano, estaba segura, y al otro día me fui feliz a la escuela.

Mi nuevo grupo era un segundo año. Estaban sumamente atrasados. La mayoría de ellos no sabían leer; tenía también una niña de 12 años con ciertos problemas de desarrollo y aprendizaje, además de otros alumnos repitentes y problemáticos. Todos mis compañeros sabían cómo estaba formado ese grupo, eran mis testigos. Yo, por mi parte, no me iba a dejar vencer por la situación. Comencé a trabajar con el grupo como si fueran un primer grado en lugar de segundo. Había enseñado en su momento a los adultos del Yerbaniz, y no podía ser imposible educar a estos niños.

Empecé ese año escolar trabajando con los niños, buscando motivarlos para que mejoraran y pudieran elevar sus calificaciones. Les preguntaba: «¿Qué les impide sacar un 10?». Había un niño sentado en la primera fila, y le pregunté: «¿Cuánto sacaste el año pasado en matemáticas?». «27», me respondió. Le dije: «¿Qué te impide sacar un 10?». No me contestaba. Le pregunté si sabía las tablas de multiplicar, y me contestó que no. Le dije: «Ahí está el problema». Eso era lo que teníamos que dominar. Les dije: «Les doy quince días para que se aprendan todas las tablas de multiplicar, pero debe ser de forma salteada, no de memoria. Si alguien no se aprende alguna tabla, se la voy a encargar de tarea para que me la haga 100 veces». Al cabo de quince días, todos se habían aprendido las tablas.

Con las letras, hice lo mismo que había hecho en el Yerbaniz. Comencé con las vocales y continué con las consonantes. Para diciembre, todo mi grupo ya sabía leer.

Ese año acabó siendo tal vez el más bendecido que tuve en toda mi carrera profesional. Una de las niñas, incluso, sacó el primer lugar de la escuela en matemáticas y terminó representándola. Sacó el primer lugar a nivel zonal y se fue a la competencia estatal. Y fue aquí donde vino la gran bendición de Dios: ¡sacó el primer lugar a nivel del estado! Ese fue mi único primer lugar a nivel estatal, y como su maestra, me otorgaron un diploma con valor escalafonario. La gente no daba crédito a lo que habíamos logrado. Pude convertir a un grupo de reprobados, niños problema o con diferentes tipos de atraso, en uno con el promedio general más alto de toda la escuela. Para el final del año, el promedio del grupo 2º «E» era más alto que los demás: A, B, C y D. A Dios sea toda la honra y la gloria por esto que Él hizo a través de mí.

Cuando mi alumna logró esta hazaña —porque lo era, considerando el estado inicial del grupo—, nadie lo mencionó en la escuela debido a aquel asunto con la esposa del director. Uno de los maestros le dijo al director por micrófono, cuando estaban formados todos los grupos: «Felicítele a la profesora Dora Elia por ese primer lugar a nivel estatal». Y él, muy escueto, dijo: «Sí, felicidades». El maestro tomó el micrófono nuevamente y me pidió que pasara al frente, pero no quise. Le dije a mi alumna: «Tú pasa», y ella pasó. El maestro pidió a los alumnos un aplauso para mi niña y para su maestra.

Ese año nos fue increíblemente bien, y el cariño de los niños y padres de familia no se hizo esperar. Haber podido remontar aquel curso me dio mi fama, y en los siguientes años, todas las mamás querían que sus niños estuvieran conmigo. Fue hermoso.

Las madres de familia me llegaron a amar mucho. Recuerdo que un Día del Maestro llevaba dos arpilleras repletas de obsequios, arrastrándolas por el pasillo. Mientras tanto, una maestra llevaba en sus manos apenas dos o tres cositas. Ella le comentó a su esposo: «Yo creo que la profesora pidió regalos obligatorios».

En ese momento, una señora venía ayudándome con un pastel porque ya no podía cargar tantas cosas. Le dije a la maestra: «Si quiere, quédese con los regalos». Pero ella, con una sonrisa, respondió: «No, no, esos regalos se los traemos por gratitud, porque nuestros niños van muy bien». Le dije: «¿No se los puede dar a usted?». Y ella insistió: «Nosotros se los trajimos a usted». Le respondí: «No le pedí regalo a nadie».

Había pequeños detalles que lo hacían especial. Pero ya casi al final del año, las cosas se pusieron muy mal entre el director y los maestros. Una compañera se me acercó y me dijo: «Oye, estamos levantando firmas para correr al director. ¿Firmarás?». Yo respondí que no, que yo primero me iba. Me dije a mí misma: «¿Quién soy yo para decidir quién se queda o se va?». Prefiero irme yo primero. Así que pedí mi cambio a otra escuela.

A pesar de mi negativa, insistieron en que no tenía por qué irme, que todos estaban juntos en esto. Sin embargo, pedí mi cambio para evitar el conflicto y, afortunadamente, me lo concedieron. Antes de eso, el director me llamó a su oficina. Me dijo: «Aquí tengo la hoja donde usted firmó». Le contesté: «No la tiene, maestro. Se lo aseguro. Si la tuviera, no me hubiera mandado llamar, porque tal vez soy la única que no firmó». Él insistió en que sí había firmado y que yo quería correrlo. Yo mantuve mi postura: «No, maestro, no la tiene».

El director se quedó, pero tristemente, al siguiente año murió de un derrame cerebral. Las compañeras me llamaron y me dijeron: «Vamos». Fuimos al hospital y ahí estaba, todavía internado, inconsciente. Me acerqué y le dije: «Maestro, perdón si alguna vez lo ofendí. También le quiero decir que yo le perdono por todo lo que me ofendió». Gracias a Dios, pude ir a ponerme en paz con el maestro. A los pocos días falleció.

La Secretaría de Educación me aceptó mi cambio y me fui a la escuela Fortunato Zuazua, en Valle Verde Segundo Sector. Durante ese tiempo, me enfermé de Crohn. Gracias a Dios, pude salir adelante. Me operaron dos veces; la primera fue el 13 de mayo y la segunda en octubre. Estuve como ocho meses sin trabajar.

Recuerdo que llegó el día en enero cuando me incorporé a trabajar. La directora, la Profesora Nena Delgado, me mandó llamar y me dijo: «Quiero que hables con la verdad. Si te dan las incapacidades, como directiva no tengo más que aceptarlas y darles trámite, eso es todo lo que tengo que hacer. No creas que eres la primera o la última; hay muchos casos así. Quiero que me platiques. Aquí hay dos compañeras que no te bajan de huevona, pero los padres de familia y los alumnos dicen lo contrario». Le comencé a platicar toda mi historia y, ese día, le dijo a la maestra que estaba cuidando mi grupo: «Vete tú al grupo. Ella no va a trabajar este día».

Después de contarle todo, me dijo: «¿Qué querías? ¿Esperar a morirte para que te hicieran aquí un monumento? Quítame esa idea de la cabeza. Lo primero es tu vida y tu familia. El número uno es tu vida, tu familia. El número dos, pon lo que tú quieras, pero nunca olvides que el uno eres tú y tu familia». En ese momento, yo tenía sexto año y no quería faltar por mis niños y las ceremonias. Me preocupaba dejarlos solos. Me dijo: «Cuando te enfermaste, siempre hay alguien que sustituye a alguien, pero nunca hay quien sustituya a una madre».

Cuando regresé de la incapacidad, ya no me dieron sexto, sino quinto. La directora cada mes ponía un examen de matemáticas en todos los grupos. Ella hacía los exámenes personalmente y, junto con su secretaria, los revisaban. Exhibía en la entrada de la escuela el «Honrísimo primer lugar» y también el «Último lugar» por cada grado, para mostrar el desempeño de los maestros y alumnos. Le pedí una semana para preparar a mis alumnos para los exámenes. Me dijo: «El examen se aplica hoy, Dora Elia, contigo o sin ti». Le rogué: «Por favor, deme una oportunidad». Pero no aceptó. Mi grupo sacó un promedio de 24 y nos pusieron en el portón en el «Último lugar».

Y ya comencé a trabajar para el siguiente mes. Llegué y les dije a los niños que estaba muy triste porque los había visto en el último lugar. Todos se quedaron calladitos. Les expliqué que yo estaba acostumbrada a tener siempre los mejores lugares, y que verlos en el último lugar me dolió mucho. Les dije que quería tener niños que dijeran: «Yo la quiero. Yo quiero sacar un primer lugar», pero que primero necesitaba el cariño de ellos, porque eso es trabajo en equipo. Les pregunté quién estaría dispuesto a trabajar para apoyar a su maestra. La primera en levantar la mano fue Lizbeth, y luego comenzaron a levantar las manitas. Les advertí: «Espérense, porque cuando yo digo trabajar, es trabajar, hijos».

Fue una experiencia muy bonita. Me preocupaba tener problemas con los padres por tanto trabajo, pero los viernes los niños llevaban 10 sumas, 10 restas, 10 multiplicaciones y 10 divisiones, cada uno con su prueba. La prueba de la división era una multiplicación, así que eran 50 problemas en total.

En febrero ya no salimos en el último lugar y, para abril, sacamos el primer lugar. Yo quería el 100 limpio porque en los exámenes que yo les ponía a mis niños lo sacaban, pero lograron un 98. Con eso, la directora me ponía por los cielos. Decían: «¿Y decían que eras huevona? "Huevonas" como tú, quisiera tener cinco, para tener un primer lugar a nivel estado». Desde entonces, la directora me decía cosas muy bonitas.

Ya cuando sacaron el primer lugar, la directora, la Nena Delgado, me dijo: «Pásale, Dora. Genial trabajo». Solo les hice una señal a las niñas para que pasaran al frente, y luego a los niños. La directora comentó: «¿Qué cosa es la disciplina?». Las compañeras me miraban con envidia. La directora siguió: «¿Qué cosa es la disciplina? Todas las niñas con zapatos limpios, todas con calcetas impecables. Casi un 100 de promedio. ¿Qué cosa es la disciplina?». Fue entonces cuando entendí la importancia de la disciplina. No quise pasar con ellos, me quedé donde estaba formada. La directora dijo: «Vamos a darle un fuerte aplauso a este grupo que era el peor y ahora es el mejor». Nos aplaudieron mucho.

En esa escuela trabajé varios años. Fueron años hermosos. Cuando me dieron mi ascenso a Secundaria, me fui al municipio de Ramones. Ese año escolar dejábamos la escuela Fortunato Zuazua, yo y una compañera que había trabajado más de 20 años en esa primaria. Tuve varias despedidas en distintas escuelas. En la secundaria 20, donde trabajé 12 años, me dieron un pergamino y un reconocimiento bonito. Fuimos a comer, y la directora y una maestra que me apreciaba mucho dijeron palabras muy lindas. Sin embargo, ninguna despedida fue como la de la Nena Delgado. Ese día me llamó y, como yo ya había iniciado a trabajar en Ramones, me preguntó a qué hora llegaba. Le dije que a las 3. Me respondió: «Te vamos a hacer una despedida». No lo tenía pensado, pero acepté: «Está bien, iré».

Iba llegando yo de Ramones cuando me llamó mi compañera Mavia y me dijo: «Oye, Dora, ¿ya vienes?». Le respondí: «No, acabo de llegar». Ella insistió: «No te muevas, voy por ti». Yo le dije: «Espérate, es que acabo de llegar». Pero ella replicó: «No, es que acá ya los niños están formados».

Me arreglé rápidamente y ella llegó a buscarme. Fuimos a la escuela por la puerta de atrás, y cuando llegamos, pitó para que supieran que ya estábamos allí. Escuché a la maestra decir por el micrófono: «Uno, dos, tres». Los niños, que estaban mirando hacia donde estaba la directora, se voltearon hacia atrás.

Comencé a entrar por un pasillito, y todos traían una servilleta blanca. Conforme caminaba, los niños iban dando vueltas y, al mismo tiempo, cantaron la canción «Tú eres mi hermano del alma, realmente el amigo». Fue un momento muy emotivo, sentí muy bonito. «Muchas gracias, muchas gracias», les decía, y luego vinieron las palabras de la Nena. Ella dijo: «Se va una gran maestra. Una gran maestra. Pero nos da gusto porque va a secundaria a seguir formando muchachos». Sus palabras fueron elocuentes y luego, con la voz quebrada, gritó: «¡Dora Elia!». Cuando llegué, vi dos sillas para mí y para mi compañera Magdalena Macías, ya que nos íbamos a la secundaria. Había muchas flores y bromeé: «Ay Dios, solo falta el muerto». Lupita Grimaldo se encargó de invitar a exalumnos y a padres de familia. Era un relajo ese día, lleno de aplausos y emociones. Mi grupo organizó algo especial: todos los niños me llevaron una rosa. Los niños me decían: «Ya se va, nos va a dejar». Les contesté: «Sí, chiquito, pero va a llegar otro maestro mejor, no una corajuda como yo». Me despedí de ellos y me fui a secundaria.

Una vez, estando ya embarazada de Oziel, recuerdo que vinieron a saludarme unos chamacos que habían sido alumnos míos en aquella escuela. Me decían: «Ay, maestra, yo la conocí bien delgadita». «Pues me conocieron muchacha», les dije. Y me dijo una chiquita: «Ay, ahora está muy gordita». «Pues sí, amor, estoy embarazada», le contesté entre risas.

Después de un año, pedí mi cambio a Monterrey nuevamente. Así fue como inicié a trabajar en la Secundaria Número 20, Prof. Juan F. Escamilla. Ahí estuve 12 años, y mi directora fue la Prof. María de la Luz Juárez Saldívar, una gran maestra. Era una mujer preparada, justa, enérgica, trabajadora. ¡Qué fácil es trabajar con alguien así a la cabeza de una escuela! Cuando llegué, me presentó inmediatamente un desafío crucial. Me dijo: «Dora Elia, el año anterior hubo cinco embarazos en las niñas de tercer año. Yo no sé cómo le vas a hacer, pero quiero que corrijas eso». Era una tarea difícil, pero no imposible. Como primera especialidad en la Normal Superior me formé como Psicóloga Orientadora, eso era lo mío. Además, fui a muchísimos cursos, unos gratuitos, otros particulares.

La directora dejó en mis manos la orientación de todos los terceros, y comenzamos a trabajar. Yo les pedía a los niños que me llevaran un salmo o un proverbio, y al iniciar la clase lo anotaba en el pizarrón con su cita, lo explicaba brevemente. Abajo, ponía el nombre del tema que íbamos a ver ese día para desarrollarlo. Un día estaba yo escribiendo en el pizarrón, cuando repentinamente se hizo un silencio total en el grupo. «¿Les comieron la lengua los ratones?», les dije. Volteo y veo a la directora sentada. «Síguele, Dora Elia», me dijo muy seria. Y pensé: «Puedo cambiar mi tema y todo lo que iba a decir, pero no tiene caso. Si me viene a observar, es por algo».

Dije: «Bueno, vamos a comenzar a explicar el salmo o proverbio que tenemos aquí». Lo expliqué y pregunté: «¿Alguna pregunta? ¿No? Ok, muy bien. Vamos a comenzar con nuestra clase de hoy». Comencé a explicar. Les dije a mis alumnos: «Se vale preguntar, jóvenes. No crean que porque tenemos aquí a la directora como invitada no vamos a hacer preguntas. Ella me viene a observar a mí, no a ustedes». Les dije: «Pregúntenme cualquier duda y aquí estamos para explicar». Seguí explicando el tema. Cuando terminé, la directora se levantó y me dijo: «La felicito, maestra, pero al final de su carga académica la espero en la dirección». Respondí: «Como no, maestra, ahí estaré».

Acabé mi carga académica de aquel día y fui a hablar con la directora. En su escritorio tenía como unas seis u ocho libretas abiertas. Me dijo: «Se han quejado conmigo las maestras de tercer año, de ti». Dije: «Ok. ¿Qué problema hay, maestra?». «Porque tú estás transcribiendo la Biblia», me dijo. «Aquí están todas las libretas, en todas las libretas estás transcribiendo la Biblia. ¿No sabes tú que la educación en México es obligatoria, laica y gratuita? ¿Sí sabes lo que es laico? ¿Sí sabes quién vino a separar el Estado y la Iglesia? ¿Benito Juárez? ¿Sí sabes por qué?». Se la veía realmente muy molesta. Yo estaba callada. «Ay Dios mío, ayúdame», pensaba. «¿Qué tienes que decirme, Dora Elia, a esto?», me dijo la directora.

Tomé aire y le dije: «Maestra, yo tengo ya siete años de trabajar en esta escuela. Cuando yo llegué aquí, usted me dijo que a ver cómo le hacía porque un año anterior a que yo llegara había habido cinco niñas que salieron embarazadas. Llevo siete años, cero embarazos, maestra. Para mí, Jesucristo es el único camino para llegarles al corazón a las niñas. No es la mamá, ni el papá, ni el maestro, ni nadie, es Jesucristo. Cambiarle el corazón a un niño no es fácil, maestra. En esta etapa están llenos de rencores con los padres, llenos de resentimientos con nosotros, los maestros. Y hacen cosas por darnos en la torre. Se dan ellos en la torre, pero también nos dañan a nosotros, los adultos. Y para mí es el único camino que he encontrado para llegarles a su corazón y evitarles que hagan cosas que no deban».

Pero maestra, si usted conoce otro camino, indíquemelo y yo lo hago. Para mí, hasta ahorita, el único camino ha sido Jesucristo. Si usted tiene otro mejor, yo lo hago, maestra. Dígame».

Se quedó pensativa un momento y luego se puso de pie. Yo también me levanté de la silla. Inesperadamente, me abrazó y dijo: «Sigue así, Dora Elia». Me prometió que se encargaría de poner en su lugar a los maestros que se habían quejado de mí. Salí de la oficina con las piernas temblando. La directora era una excelente persona, pero muy estricta y enérgica. Teníamos una escuela de primeros lugares, no solo a nivel estado, sino a nivel nacional.

Después de esa etapa trabajé en la Secundaria 73, que está en Fomerrey, y luego me dieron mi ascenso en la Secundaria 37. Allí trabajé cinco años en planta y tres como auxiliar.

Déjenme hablarles brevemente de la Secundaria 37. Era una escuela rodeada por el panteón, así que se oían los gritos cuando iban a sepultar a alguna persona. Nosotros estábamos pegados al panteón, y se acercaba el 10 de mayo. Recuerdo que hice una actividad con los muchachos, les dije: «Chamacos, vamos a hablar de las mamás. ¿Qué podemos decir de las mamás? Estamos solos, nadie nos oye».

Ellos empezaron a decir: «Son codos, son flojas, son regañonas». Les dije: «¿Eso es todo? ¿Hasta ahí llegan las mamás? ¿Qué más podríamos decir?». Al principio, no dijeron nada más, pero entonces les pregunté: «¿Se han fijado cuando traen aquí a enterrar a una madre? ¿Por qué le llorarán tanto si son codos y regañonas?».

Les hice reflexionar: «¿Qué sería de la vida de ustedes si no tuvieran a su madre? Llegan a casa con hambre y cansados, quizás no de estudiar, pero sí de cargar los tres cuadernos que traen. La cocina está sola, papá trabajando. Hacen un huevo y todavía somos exigentes. Decimos: «Otra vez huevo, mamá». Se enojan, son exigentes».

Hicimos esa actividad en secundaria para hacerlos sensibles con sus padres. Les dije: «Como hijos, somos crueles y exigentes. Decimos: «Mira, ya traigo las chanclas todas raspadas, cómprame unas nuevas». Pero no les decimos: «Papá, ¿en qué puedo trabajar para ayudar en los quehaceres?». Exigimos sin pensar en el sacrificio de nuestros padres».

También les expliqué que no estaban solos en sus dificultades, para que se sintieran comprendidos y apoyados. Fueron tiempos bonitos, llenos de aprendizajes y momentos significativos.

Cuando me dieron mi ascenso a subdirectora, me mandaron a la Secundaria 77. Esa fue una de las etapas más hermosas en el magisterio. Hice la escuelita como a mí me gustaba.

Puse orden y busqué implementar un espíritu de trabajo en aquella escuela. Cuando llegué, estábamos a nivel de los promedios más bajos, incluso más bajos que los de Oaxaca, que son de los más bajos de todo México. Me sorprendía que fuéramos tan mal, era como si estuviéramos condenados a estar siempre en el mismo nivel. Pero el director, bendito sea Dios, me dio toda la autoridad para hacer cambios. Aunque él era el director de los turnos matutino y vespertino, solo estaba presente en las mañanas. Me dijo que me apoyaría en todas las decisiones que tomara, incluso si me equivocaba. Fue muy amable conmigo. Así que le dije que quería hacer algunos cambios, y él respondió: «Los que usted quiera, la escuela es suya».

Claro, había maestros flojos y mañosos, que pondrían resistencia, y yo lo sabía. Así, hice mi primera junta y les dije que habría algunos cambios. «Comprendo que cada directivo tiene su propia manera de trabajar», les dije. «No soy quién para juzgar cómo lo hicieron antes, si lo hicieron bien o mal. Pero yo traigo mi propia forma de trabajar». «Así que», les reiteré, «va a haber algunos cambios».

Cuando comencé, los muchachos de la escuela no se formaban. El timbre sonaba y subían corriendo. Era una escuela de tres plantas y se armaba un desorden total. Todos los maestros estaban abajo, en la sala de maestros, riendo y conversando, esperando a que todos los chiquillos subieran. Dije, vamos a comenzar a formar los grupos. Al principio, los maestros flojos decían que «aquí no se formaban». Pero yo insistí: «vamos a formar los grupos». Me respondieron que aquí no sabían formarse. Les señalé que teníamos un kínder a la izquierda y una primaria a la derecha. Les dije: «maestros, estamos rodeados de niños de cuatro años que se forman y toman distancia. No me digan que un muchacho de secundaria no sabe formarse». «Pues los míos no saben», dijeron. Entonces, les dije: «pues los enseña, maestro». Y les dije otra cosa: «les voy a llamar la atención por micrófono si es necesario». «¿Nos va a exhibir?», contestó uno de ellos, desafiante. «Si es necesario, sí», dije con firmeza.

Añadí algunas otras directivas: «Si no quieren ser exhibidos, hagan las cosas bien. Los maestros deben subir primero, con su maletín y todo lo necesario, y ya no bajar. Quiero que suban preparados para trabajar. Las primeras horas son cruciales, no quiero a los muchachos ni tomando agua ni yendo al baño, salvo emergencias». Iba haciendo pausas para ver sus reacciones, aunque realmente no me importaba que protestasen. El objetivo era mejorar aquella escuela y no iba a detenerme. «Si un niño está enfermo del estómago —proseguí—, no necesita pedir permiso, sale inmediatamente. Pero no quiero ver a nadie jugando con el agua. Eso sí que no. Y lo mismo cuando bajen al descanso, el maestro va adelante. Grupo que no venga con su maestro, lo voy a regresar al salón, y se quedará allí con todo y maestro. A la salida, nos formaremos y yo daré la salida, con micrófono en mano, uno por uno».

Así comencé a imponer reglas de convivencia, formalidad y respeto en la población escolar. Los jovencitos venían con los pantalones a media pompa, guangos y arremangados, con la camisa grandota por fuera. Les dije a los maestros que quería su ayuda para corregir esa vestimenta. Les di quince días para que los muchachos corrigieran su ropa: los quería fajados, con cinto, y pantalones a su medida. Si les quedaban grandes, sería necesario que sus mamás los ajustaran, pero no los quería arremangados. Veía a los chicos con tenis de mil pesos, así que no podían decir que no tenían para comprar zapatos. Los quería con zapatos, especialmente los lunes, y si era posible, toda la semana. Les hablé por micrófono a todos los alumnos: no iba a permitir camisetas que parecieran batas. Que sus mamás las cortaran o hicieran dos de una, pero los quería fajados y con cinto. Y si no tenían cinto, yo me traería una cuerda y los fajaría yo misma, con dos vueltas y dos moños atrás. Me decían que eso iba en contra de los derechos humanos. Derechos humanos o no, así iba a ser. Traje un rollo de cuerda y dije que, si alguien lo necesitaba, que pasara al frente. Nadie pasó. Un maestro decía que sus niños no tenían cintos y no usarían una cuerda, le dije que no quería excusas. Les dije a los alumnos que si no tenían cinto, que se pusieran a lavar carros para que el lunes pudieran tener uno.

Las niñas no debían traer faldas largas como monjas, pero tampoco shorts. Una falda normal, arriba de las rodillas, nada de faldas extremadamente cortas. Así comenzamos a cambiar de a poco aquella escuela.

No quería muchachos afuera, así que comencé a supervisar en la entrada. Si veía a algún muchacho sin rumbo, le decía: «¿Qué onda contigo? ¡Rápido, muévete!». Los maestros a veces se juntaban en parejas, y uno de ellos, el maestro cristiano, me dio mucha lata. Siempre andaba agachado, y su grupo, todo desordenado. Me decían que corría y se escondía para no dar clases. Cuando lo encontraba, le decía: «Carambas, compañero, póngase a trabajar. No está aquí para jugar con los alumnos».

Empecé a ir a los grupos, supervisando el trabajo. Como directivo, tienes que asegurarte de que las cosas funcionen. Con este maestro, iba casi todas las semanas. Me preguntaba por qué siempre lo visitaba a él. Le respondía: «¿Por qué cree usted, profesor? Porque hay problemas. ¿Por qué no voy con Anita? Porque ella sí trabaja». A veces lo dejaba dos semanas sin supervisar, pero cuando regresaba, veía que no había avanzado nada en el tema. Escribía en las hojas de los alumnos: «Maestro, estoy decepcionada. Póngase a trabajar. Qué pobreza de trabajo». Firmaba y sellaba esas notas.

También usábamos un formato de visitas, donde anotaba mis observaciones: «Mucha indiferencia. No hay trabajo. Se dice que trabajamos en el libro, pero ¿en qué exactamente?». Regresaba a los muchachos y les decía: «No permitan esto. Aquí a los maestros nos pagan por venir a trabajar, no por hacer chistes ni hablar de novias. No sean tontos. Nos pagan por trabajar. No caigan en el juego de los maestros flojos». Y así, poco a poco, comenzamos a mejorar.

Algunos maestros seguían siendo unos payasos. Pero cuando iba a verlos, se ponían a trabajar. Y sí, trabajaban bonito cuando se lo proponían. Les decía: «Maestro, usted es un gran maestro. Tenemos una doble responsabilidad. Estos chicos, muchos de ellos, no van a seguir en la preparatoria. Todo lo que les enseñemos será lo que compondrá su acervo cultural. Tenemos una doble responsabilidad». Y así, poco a poco, fuimos avanzando.

Un día llegó el inspector, un hombre que me apoyó y me quiso mucho. Como no vio a nadie en el patio, pensó que habíamos dado la salida temprano a los alumnos. Me dijo: «¿Checamos?». Respondí que sí, y fuimos a recorrer las aulas. Visitamos el tercer grupo, todos los alumnos estaban trabajando. Fuimos a los segundos y primeros grupos, también trabajando. Miró a los grupos y vio que estaban trabajando. Sentí una gran satisfacción al ver mis grupos ocupados y dedicados. Al bajar las escaleras, me dice: «Maestra, la felicito, profesora Dorita». Le respondí en tono de broma: «No cumplo años ni quiero cumplir, ya cumplí muchos». Él insistió: «No, maestra, la felicito y la admiro». Le pregunté sorprendida: «¿Y eso por qué, *teacher*?». Me dijo que venía de recorrer todas las escuelas y había más alumnos afuera que adentro en los salones, pero mi escuela estaba trabajando. Le dije que mi escuela era pequeña, que por eso era más fácil. Él comentó que venía de una escuela con tres grupos y la mayoría de los alumnos estaban afuera.

Al tercer día, el director me llamó y me dio su libreta. Yo fungía como directora y hacía los trabajos de directora, pero quien iba a las juntas era él. Me dijo que el inspector había felicitado mi trabajo, me contó que el inspector me había puesto por las nubes por la disciplina en mi escuela. Le respondí en tono de broma: «Cuando me deje caer, cómo me va a doler». El director me preguntó cómo mantenía esa disciplina. Le dije que, si quería, podía venir en el turno de la mañana y también ponerla en orden. Mantuvimos la disciplina y el trabajo constante, demostrando que el esfuerzo conjunto siempre da frutos.

Luego, el director me dice: «Oiga, maestra, está pasando un fenómeno un poco raro». Le respondí: «Caramba, ¿fenómenos aquí?». Me explicó que normalmente todo el mundo quería el turno matutino porque era el mejor, mientras que el vespertino era para lo que no servía. Pero ahora no, los buenos alumnos querían venirse a la tarde.

Me sentí agradecida porque pude organizar esa escuela y hacerla funcionar. El orden, el trabajo y la disciplina eran clave. Algunos compañeros que no me querían decían que mi escuela era militarizada, que todo era muy estricto. Pero eso no me afectaba ni me ofendía. Les decía: «Estamos trabajando, bendito Dios». A pesar de todo, los padres de familia y los alumnos me querían mucho, y eso era lo más importante para mí.

Cuando llegué a esa escuela en diciembre, debido a mi operación de cabeza, hablé con los maestros de tercero. Teníamos dos grupos de tercero y les pregunté: «Maestros, ¿cuántos van a ir a la preparatoria?». Me respondieron: «No, profesora Dorita, aquí todos ya se quieren casar y quieren tener mujer. Y las mujeres ya quieren tener marido. Parece que nomás una niña quiere estudiar». Les pregunté: «¿Y qué han hecho ustedes para convencerlos de la importancia del estudio?». No habían hecho nada. Les dije: «Bueno, pero ustedes como maestros, ¿qué han hecho para mostrarles la necesidad del estudio?». Me respondieron que así era el medio en el que vivíamos. Decidí entonces tomar cartas en el asunto y hablar directamente con los estudiantes.

Les expliqué la importancia del estudio, diciéndoles que no es malo ser pobre, obrero o albañil. Lo malo es que se trabaja mucho y se gana muy poco. Les decía que nada les impedía estudiar si realmente lo deseaban. «Si quieren superarse, pueden hacerlo. Pueden trabajar y estudiar. No pueden decir que no estudiaron porque su papá no los ayudó. Si realmente quieren, pueden lograrlo», les decía. Les sugerí considerar una carrera técnica si no querían estudiar preparatoria, pero también les hablé de las oportunidades que una ingeniería les ofrecería si entraban a la preparatoria.

Les decía: «¿No les gustaría vivir en una colonia buena? Si estudian y llegan a ser grandes abogados o contadores, pueden lograrlo. Ahorita es el momento de prepararse, no cuando ya tengan hijos o responsabilidades mayores». Comencé a convencer a los muchachos y muchachas de la importancia de estudiar. Para finalizar mi primer año ahí, alrededor del 80 % de los alumnos se inscribieron en la preparatoria, muchos en la preparatoria gratuita del PT. Les decía que ser un obrero no es malo, pero que trabajar demasiado y ganar muy poco sí lo es. Les hablaba de la diferencia que hace tener un título y trabajar en una oficina después de haber sacrificado años para estudiar.

Motivaba a las niñas diciéndoles: «¿Qué prisa hay por casarse y tener hijos a los 15 años? Ahorita es el tiempo de prepararse y estudiar para escoger un buen marido y que sus hijos no tengan las carencias que ustedes tuvieron». Les recordaba que ahora era el momento de prepararse. Y así fue como logré motivar a muchos, y sé que muchos salieron adelante, bendito sea Dios.

Cuando llegué a la escuela, era diciembre y hacía calor. Apenas me estaba adaptando a mi nuevo rol, cuando una señora llegó vistiendo un short ajustado y con la barriguita al aire. Me llamó la atención, pues era la mamá de una de nuestras alumnas. La señora venía a hablar con el profesor Guadalupe. Me paré en la escalera para recibirla y le pregunté en qué podía ayudarla. Me dijo que solo quería hablar con el maestro, y al enterarse de que yo era la subdirectora, se mostró sorprendida. Le expliqué que el profesor Guadalupe estaba ocupado trabajando con 40 alumnos y no podía descuidarlos para atenderla. Le sugerí que regresara después de las 6 de la tarde, cuando el profesor ya habría terminado su jornada.

La señora no estaba contenta con la respuesta. Se quejaba de que siempre había venido sin problemas. Le respondí que tal vez antes no había habido problemas, pero ahora las reglas eran diferentes. Le dije claramente: «La escuela es de ustedes, pero yo estoy aquí para asegurarme de que funcione bien». La señora insistía en que siempre había pasado y, de manera desafiante, dijo que pasaría «sobre mi cadáver». Decidí que era mejor llamar a la policía para evitar mayores conflictos. Le pedí a la secretaria que llamara a las autoridades mientras me mantenía firme en mi postura.

Cuando llegaron las patrullas, la señora se fue rápidamente. Agradecí el apoyo de la policía, asegurándoles que todo estaba bajo control. Les expliqué que la situación había sido provocada por una madre de familia un poco agresiva. Les dije que no conocía bien a los padres aún, pero apreciaba mucho su ayuda. Mientras los oficiales se iban, me sentí aliviada por el respaldo y decidida a seguir manteniendo el orden en la escuela.

La niña de la señora era muy lista, destacaba entre los demás alumnos. Recibió varias becas, unas cinco o seis, y entre esas, una del PT que cubría completamente los estudios en preparatoria y facultad. Sin embargo, la niña decidió que ya no quería estudiar y que prefería que la beca se le diera a otra persona. Decidí hablar con la señora, pues no entendía la decisión de su hija.

La llamé cuando la niña estaba en tercero para explicarle la situación. Le dije: «Mire, señora, su hija es una excelente estudiante. Le han otorgado una beca completa del PT para continuar en preparatoria y en la facultad. Pero ella no quiere usarla y prefiere que se le dé a otra persona». La señora no parecía preocupada, y yo pensaba en cómo podía ayudar a la niña a cambiar de opinión. También le propuse que ayudara a otro joven en situación similar, que podría beneficiarse de la beca.

Desafortunadamente, la señora no pudo ofrecerme el apoyo que necesitaba para convencer a su hija. Finalmente, le entregué la beca a quien correspondía, a otro estudiante que estaba en la fila para recibirla. Aunque me frustró un poco no haber podido hacer cambiar de opinión a la niña, me sentí aliviada al saber que la beca ayudaría a otro joven con el deseo de continuar sus estudios.

Cuando me tocaba regañar, a veces me encontraba con situaciones muy personales. Una de las alumnas, Antonia, siempre llegaba a mi oficina con quejas de que le habían robado un lonche. Le preguntaba por qué no llevaba su comida desde casa y me decía que su familia pasaba hambre. «Comemos solo una vez al día», me confesó. «Y solo cenamos para aguantar hasta el día siguiente». Me conmovió escuchar eso.

Decidí que tenía que hacer algo para ayudarla. Le dije a Antonia que hablara con Paul, el encargado de la cafetería, y que pidiera una hamburguesa o algo de comida. Ella se negó, diciendo que no podía pedirle eso, así que le ofrecí regalarle la comida personalmente. «No vuelvas a robar, Antonia», le dije. «Te daré una hamburguesa o un lonche todos los días». Con el tiempo, Antonia se mostró muy agradecida. Durante la graduación, vino a darme las gracias. «Gracias por todo, profesora», me dijo con emoción. Yo le respondí: «Qué bueno que te ayudé. Pero recuerda, esto es un secreto entre tú y yo. Nadie más debe saberlo».

Para la graduación, aquel año, las cosas se complicaron un poco. Las mamás estaban insistiendo en que los niños debían usar vestidos largos para el evento. Yo tenía claro que algunos de los muchachos iban a entrar a la preparatoria, y esto significaba gastos adicionales para ellos, tanto en uniforme como en la escuela. No quería que las familias se enojaran ni se desestabilizara el presupuesto. La Secretaría de Educación nos pedía que el evento fuera lo más sencillo posible. Después de todo, no era una graduación de un nivel superior, solo estaban terminando la secundaria.

Finalmente, decidí que la ceremonia se llevara a cabo en la escuela y que los estudiantes asistieran con el uniforme. Aunque algunas mamás estaban descontentas, logré mantener la decisión. Al final del evento, la señora que había tenido problemas conmigo se acercó. Me abrazó y me dijo: «Maestra, quiero pedirle perdón por cómo me porté». Yo, algo sorprendida, le respondí que ya ni siquiera recordaba lo que había pasado y que no había problema. También me agradeció y me dijo que era una muy buena maestra. Le respondí que solo tratábamos de hacer lo mejor que podíamos, que eso era todo lo que se podía hacer, y que nos esforzábamos por justificar nuestro sueldo. Ella me dio un abrazo y un beso, y me sentí conmovida por su cambio de actitud. La despedida fue un momento sumamente emotivo.

Para la graduación, enfrenté un pequeño contratiempo: el mariachi no llegaba. A pesar de esto, me dijeron que me despidiera de los alumnos y los padres. Así que, con un nudo en la garganta, me dirigí a ellos: «Primero que nada, quiero darles las gracias a todos los alumnos y a los padres de familia por su atención y cariño durante estos cinco años. He hecho mi mejor esfuerzo pensando en ustedes, y si alguna vez me pasé de la raya, pido disculpas. Siempre los llevaré en mi corazón. Muchas gracias». Las lágrimas brotaban, y mientras me despedía, noté que las chicas estaban especialmente afectadas, más que los chicos.

Me mostraron cuánto me apreciaban, y sentí el cariño y la tristeza de todos por mi partida. Así, cerré mi etapa en esa escuela
con la satisfacción de haber hecho una diferencia, aunque fuera
en un pequeño rincón de la vida de algunos estudiantes.

# Capítulo 13

*He aquí, yo estoy a la puerta y llamo; si alguno oye mi voz y abre la puerta, entraré a él, y cenaré con él, y él conmigo.*

APOCALIPSIS 3:20

La vida sigue, el tiempo no se detiene. Hemos pasado pruebas, desafíos, momentos muy duros y momentos de mucha incertidumbre. Sin embargo, nuestro Dios nunca nos ha dejado caer en la desesperación. En cada dificultad, hemos encontrado la fuerza para seguir adelante, incluso cuando el camino parecía oscuro y sin salida. Nos hemos enfrentado a tormentas que amenazaban con derrumbarnos, pero con fe y perseverancia, hemos superado cada obstáculo. Nuestro Dios ha sido nuestra roca, nuestro refugio, un faro de esperanza que nos guía a través de las tempestades de la vida.

A través de los momentos de incertidumbre, hemos aprendido a confiar, a tener fe en que hay un propósito mayor en cada dificultad que enfrentamos. Hemos visto cómo, con el tiempo, las heridas sanan, las cicatrices se vuelven recordatorios de nuestra fortaleza y las adversidades se transforman en valiosas lecciones. Mirando hacia atrás, podemos ver cómo, incluso en los tiempos más oscuros, siempre hubo una luz al final del túnel. Cada día es una nueva oportunidad para renacer, para dejar atrás el dolor y abrazar el futuro con esperanza y confianza. Y así, con gratitud en el corazón, seguimos adelante, sabiendo que, pase lo que pase, no estamos solos. Porque nuestro Dios, en su infinita bondad y amor, nunca nos ha dejado caer en la desesperación y siempre nos ha dado la fortaleza para continuar.

Cuando me casé con mi esposo, él trabajaba en una empresa llamada Deacero, que estaba ubicada en Santa Catarina. Tirso trabajó 22 años en esa empresa, donde llegó a tener diferentes puestos gracias a su capacidad, puntualidad y honestidad. En su último tiempo allí, tuvo la jefatura del departamento de compras. Estaba segura de que ahí se iba a jubilar, pero no fue así. En febrero de 1993 hubo un reajuste y Tirso perdió su trabajo. ¡Oh, Señor! En ese tiempo, mi hija Lizbeth estaba en secundaria, Josué en sexto año y Oziel en cuarto. Para colmo, el año anterior habíamos comprado un carro, un Spirit, pagadero en 4 años. ¿Qué íbamos a hacer?

Lo primero que hicimos fue darle gracias al Señor por aquel trabajo que nos había provisto durante 22 años y pedirle su ayuda para saber qué hacer a continuación. Doy testimonio de lo que Dios hizo con nosotros, porque nunca, nunca nos faltó qué comer, con qué pagar luz, agua, gas y el pago del carro; mis hijos no anduvieron descalzos ni sufrieron carencias, porque el Señor nos mandó ríos de bendición por diferentes personas y hermanos en Cristo, como la hermana Maricela Ruiz de Requena, que nos bendijo ese año con mandados de carne y pollo. ¡Que Dios te bendiga, hermana! Además, estaba la profesora Lupita Leija, otra gran amiga, que cada quincena me ofrecía $50, que serían como $500 en la actualidad. Nunca se los acepté porque no los necesitaba, pero ella siempre me los ofreció. ¡Que Dios te bendiga, Lupita!

En estos momentos tan críticos, sin embargo, mi esposo y yo nunca discutimos, sino que, por el contrario, la situación nos unió más. Me dolía mucho verlo tan atribulado. Lo abrazaba y le decía mil cosas, le recordaba las promesas de Dios que eran para nosotros, y que Dios es fiel y lleno de misericordia. En esos momentos, yo trabajaba en una secundaria donde había una compañerita que me cargaba la mano, al mismo modo que aquella compañera de trabajo de mi juventud. Todos los días, aquella maestra me preguntaba: «¿Tirso encontró trabajo?». Yo le decía que no, y ella me preguntaba con una mueca: «¿Pues de qué lo busca, de gerente o de qué?», y se reía. Yo sufría y le decía: «Tirso nunca ha sido gerente».

En una ocasión, esta compañera pasó justo por mi casa, cuando Oziel y Memo, el hijo de Maricela, venían cargados, cada quien con dos bolsas de Soriana con mandado y carne. Al siguiente día me dice: «Oye, ¿mandas a Oziel a Soriana?», y le digo: «No, está muy chico, ¿por qué?». «Ayer lo vi a él y a su amigo con bolsas de Soriana», me dijo. Y le expliqué que Maricela me regala carne y mandado. En ese entonces, había un paro magisterial en todo Nuevo León; nadie trabajaba, pero estábamos en la escuela todo el personal. Justamente nos encontrábamos en la sala de maestros cuando ella me hizo este comentario. Me dijo: «Ah, ahora eres limosnera». Yo sonreí y le dije: «Una hija de Dios nunca será limosnera. Pasamos por una prueba, pero de ahí a limosnera, eso nunca lo verán tus ojos».

Mi esposo pasó un año completo sin conseguir trabajo. Me había entregado su cheque de liquidación en febrero de 1993 y, gracias a Dios, el 24 de enero de 1994 fue bendecido con un trabajo aún mejor que el anterior. El Señor le abrió una puerta de oportunidad en la empresa Villacero, donde el Sr. Don Pablo Villarreal, un gran hombre, rico pero que entendía al necesitado, le dio oportunidad en el departamento de compras. ¡Gloria a Dios! Otra bendición grande, muy grande, para mi familia. Comenzaba la etapa donde nuestros hijos iban terminando la escuela. Lizbeth iniciaría sus estudios en la Normal y teníamos muchos gastos. En febrero de 1994, Tirso me entregó su primer cheque de este nuevo trabajo.

Lizbeth se presentó al finalizar la secundaria para ingresar a la Escuela Normal Miguel F. Martínez, y por su promedio la mandaron a Montemorelos a ella y a dos compañeritas. Estuvieron como un mes y medio allí, y logramos su cambio para acá. No se querían venir, ninguna de ellas, pero ya estaba arreglado. Ahí, en Montemorelos, les dieron asistencia a media cuadra de la Normal, en casa de un médico, cuya esposa ya que su hijo estaba internado en el TEC de Monterrey.

Cuando nuestra hija cursaba el cuarto año de Normal, mi esposo le sacó un Auto Fin, un carro para regalárselo en su graduación. Sin embargo, a veces las cosas no son como uno las planea. Lizbeth conoció a Francisco, un joven vecino de la colonia, y al poco tiempo nos comunicaron sus planes de casarse. Ella tenía 19 años en ese entonces. Comenzó una gran lucha en el seno de nuestra familia. Lizbeth amaba a su padre desde siempre, y yo pensé que cuando su padre se lo prohibiera, lo iba a obedecer, como yo obedecí en su momento a mi madre. ¡Oh, Señor, qué equivocada estaba! Discutíamos muchísimo. Casi todos los días era lo mismo. Su padre le pedía que se esperara un año, y si al término de ese año todavía sentían deseos de casarse, él sería el primero en apoyarlos. Yo intenté hablar con ella sobre el matrimonio, sobre la pobreza que ella no conocía, sobre las consecuencias de la desobediencia y tantas otras cosas, pero no funcionó.

Un día, Francisco vino a hablar conmigo para comunicarme que sus padres vendrían a hablar con nosotros para pedir formalmente a Lizbeth. Le dije esto a mi esposo y me respondió: «¿Ya tiene casa donde van a vivir? Aquí no los quiero, en su casa menos. Dile que la pida cuando tenga una casa donde vivir». Se lo dije a Francisco, quien no protestó. Tirso decía: «Ojalá se tarde cien años juntando para el enganche». Sin embargo, no fue así. Su familia lo ayudó y engancharon una casita. Le dije a mi hija: «Espérate, no seas sonsa, tu papá te va a regalar un carro para tu graduación, espérate». Para entonces, ella usaba un carro viejo que era de Francisco.

Le hicimos mil luchas, le pedimos que no se casara: se lo pedimos razonablemente, se lo pedimos enojados, se lo pedimos llorando y platicando, y nada nos funcionó. El 14 de abril del año 2000, Lizbeth y Francisco se casaron. Había mucho dolor en nuestros corazones por tan apresurada decisión, tanto que en ese momento no los apoyamos en nada.

Como era de esperar, apenas se casaron comenzaron a tener problemas económicos, muy fuertes. Sin embargo, perseveraron y siguieron. A los tres años de casados nació su primera niña, Merari, la niña hermosa que nos hizo abuelos. Nos volvimos locos con esta hermosa chiquita: mis hijos, mi esposo y, sobre todo, yo. Hacía 19 años que no teníamos un bebé en casa. Mi hija se vino aquí un corto tiempo y todos queríamos cargar a la bebé; mis hijos se peleaban por ella. En una ocasión, llegó Oziel y la alzó en brazos, y a los cinco minutos llegó Josué y se la pidió. Oziel le dijo: «La acabo de cargar», y se pusieron a discutir. Me acerqué y tomé a la niña, y les dije: «A ninguno se la doy, no me la vayan a tumbar, y entonces, si no, nadie».

Recuerdo otra anécdota de aquellos años. Cuando Oziel y Josué entraron a la facultad, su padre les compró un carrito y les dijo: «Este es para los dos». Oziel cursaba de mañana y Josué en la tarde, así que lo podían compartir. Oziel llegaba volando y Josué se iba. Tirso les dijo: «Los fines de semana hay horarios, pueden ir a una fiesta, pero hay horarios. Quien los infrinja no lo usará los fines de semana. Ahora pónganse de acuerdo: un viernes decide uno y el otro el siguiente fin de semana. Los domingos no se mueve, es día de ir al Templo. Si uno necesita el carrito el viernes y no le toca ese día, pónganse de acuerdo; a uno le tocaba el viernes y al otro el sábado». Y les advirtió: «Hijos, si este carro es motivo de pleitos entre ustedes, lo vendo de inmediato». Y claro, mis hijos estuvieron muy manitos las primeras semanas. Conforme pasaba el tiempo, yo los oía discutir por el carro y les decía: «Tranquilos, si sabe su padre que discuten, lo va a vender».

Pasó el tiempo y un buen día estaban los dos discutiendo fuertemente por el carro otra vez. No oyeron que llegaba su padre, que los escuchó y les preguntó: «¿Qué pasa, por qué pelean?». Los dos se quedaron helados. Tirso les dijo con firmeza: «No quiero discusiones, por favor». Pasó un tiempo y otra vez los pescó discutiendo. Esta vez les pidió las llaves y lo vendió.

Ni modo, otra vez a ir y volver en el camioncito. Para ese entonces, Lizbeth ya estaba casada. Al poco tiempo, Josué y Oziel terminaron su carrera y se pusieron a trabajar. Así, los tres le entregaron su título a su padre, gracias a Dios.

A pesar de que los muchachos iban creciendo y de que mi hija ya era una mujer casada, los domingos quedó para siempre la costumbre de almorzar todos juntos en casa después de la iglesia. Hasta el día de hoy, pasamos horas platicando, riendo y recordando anécdotas.

En el año 2008, mi esposo y yo cumplimos 30 años de casados. Oziel, nuestro hijo menor, nos ofreció un banquete hermoso en el Club de Leones. No permitió que sus hermanos le ayudaran; les dijo que ellos nos regalaran otra cosa, y así fue. En el año 2009, nos regaló un viaje a Canadá, y en 2010 un viaje a Europa, de 20 días con todo pagado. Mi esposo, orgulloso, aunque preocupado ante tantos gastos, le dijo: «Mira, hijo, te agradecemos todas tus atenciones, pero este es el último regalo que te aceptamos, ahorra, porque al rato te vas a casar». Sin embargo, Oziel le dio otro regalo maravilloso a su padre. Cuando Josué se casó y quedó su recámara sola, Oziel le preguntó a su padre si podía regalar todo a alguien que lo necesitara, y Tirso le dijo que sí. Vació la habitación, pintó las paredes, cambió las persianas, le compró un mueble a modo de escritorio y librero, una computadora, una copiadora y un sillón, todo nuevo. Quedó una oficina hermosa para que Tirso pudiera hacer sus cosas. ¡Qué hijo!

En el año 2011 se casó Josué con una hermosa hermanita en Cristo, Perla Paloma Álvarez. Hoy en día tienen dos hermosos hijos: Josué y Patricio. A su vez, Oziel se casó en el año 2012. Para entonces, Lizbeth y su esposo Francisco ya tenían a nuestra nieta Merari y a nuestro nieto Danielito.

Tirso y yo hemos tenido la oportunidad de viajar con nuestros hijos, ya todos casados, sobre todo con Lizbeth. Fuimos a Cancún, a Mazatlán, a San Antonio, Texas, a la Ciudad de México, donde hemos vivido momentos inolvidables, entre otros lugares bellísimos. En diciembre de 2014, nos fuimos todos a Acapulco, donde recibimos el 2015. Ese día cenamos en un barco y allí, todos juntos, le dimos gracias a Dios por permitirnos comenzar un nuevo año bendecidos y en familia.

Nuevamente quiero darle gracias a Dios por el esposo que me ha dado. ¡Un gran hombre! Es un hombre serio, responsable, puntual, amable, recto como pocos. Tirso es un hombre de ejemplo. Ha sido toda su vida un hombre honesto en forma total. Gracias a Dios, esta virtud le abrió puertas en grandes empresas. Tirso no es un hombre perfecto, claro que no, pero sí un gran hombre. Tiene sus cualidades y defectos, pero son más sus cualidades. Como padre se entregó por completo. Dio tiempo, dinero, esfuerzo y dedicación a sus hijos.

No voy a mentir y decir que nunca hemos discutido; claro que sí, lo hemos hecho infinidad de veces, pero es normal en toda convivencia. Eso sí, a mí nunca me ha dado un golpe, un aventón o simplemente un grito o una mala palabra. Mis testigos son mis hijos y mi madre, que vivió a nuestro lado. Un hombre fuera de serie. Cuando nos casamos, mi madre y mis hermanos dependían de mí en forma total, así que la mayoría de mis cheques se iban con mi madre, y él nunca se opuso. Fue un hombre sumamente activo en la Iglesia Bautista Cumbres, donde nos congregamos, donde hay hermanos y hermanas que dan buen testimonio de él, no solo su familia. El pastor Valdemar, un gran hombre de Dios, es testigo también de su ministerio. Por eso, le doy al Señor toda la gloria y la honra por este gran hombre que me dio como esposo.

Durante nuestra jubilación, nos quedamos en nuestra casa y nos ayudamos mutuamente en el poco quehacer del hogar, estando los dos solitos. En las tardes cuidábamos a nuestros nietecitos, Merari y Daniel. Vivimos en paz, con gozo y gratitud a Dios.

También bendecimos al Señor por nuestros hijos; cada uno es especial. Lizbeth, desde pequeña, ha sido muy pegada a nosotros, colmándonos de atenciones y tantas cosas. Josué, con su carácter alegre, nos llena, y nos sentimos muy amados por nuestro hijo. Oziel es un hijo que ha conocido la obediencia desde niño. Desde pequeño, cuando yo le hablaba, su frase era: «Usted manda, yo obedezco». Él obedecía al instante, sin ningún reproche. Un hijo sumamente especial y muy al pendiente de sus padres y hermanos. Gracias a Dios por estos hijos tan hermosos que nos ha dado y ahora cada uno en su matrimonio.

Nuestra meta es seguir trabajando para el Señor Jesucristo, atendernos nosotros y a nuestros hijos, nietos, a mis nueras y a mi yerno, y a mi iglesia. Nuestro Dios me ha dado el gozo de saber dar; siempre, desde joven, el Señor me dio ese don y me hace sentirme feliz. He ayudado a mucha gente, familia y no familia, pero lo más hermoso es que he sido grandemente bendecida. Hasta ahora, ya anciana, sigo dando ofrendas de amor a diferentes personas cada quincena y saben que nunca, nunca me ha faltado. En nuestra iglesia hay muchos niños y niñas, y gozamos dándoles regalos cada Navidad, apoyándolos cuando algo les falta a ellos o a sus familias. Yo testifico que cuando damos de corazón, sin esperar nada a cambio, ni las gracias, Dios nos bendice más. Yo doy porque quiero, no porque me pidan; nadie tiene por qué darme las gracias y soy feliz. «Cada día es mejor que ayer».

# Capítulo 14

*Con Cristo estoy juntamente crucificado, y ya no vivo yo, mas vive Cristo en mí; y lo que ahora vivo en la carne, lo vivo en la fe del Hijo de Dios, el cual me amó y se entregó a sí mismo por mí.*
GÁLATAS 2:20

«Si quisiera explicarle a alguien cómo sería la mejor mamá del mundo, creo que me bastaría con que les platicara de mi mamá. Ella tiene muchas cualidades y características; ella era: la más generosa, hasta el último día de su vida siguió dando, sin fallar; la más amorosa; la más valiente, nunca se acobardó ante ninguna situación; la más fuerte, nunca escuché a mamá quejarse de un dolor; la más esforzada, nunca escuché a mamá renegar de su trabajo duro o de lo cansada que se podía sentir; la más trabajadora, desde antes de los 8 años ya trabajaba; la mejor mamá, la mejor esposa, la mejor cristiana, la mejor consejera. Cuántos fuimos bendecidos de escuchar a mamá, ya sea haciendo una oración por nosotros o dándonos un consejo. Una vida de trabajo, esfuerzo, amor y entrega a su mamá y hermanos primero, y luego a su esposo e hijos. Una vida extraordinaria, logró cosas inimaginables: teniendo todo en contra, fue parte del 1 % que logra salir de la pobreza extrema, pero nadie le regaló nada. Ella, con mucho esfuerzo, trabajo y lágrimas, logró hacerlo realidad... claro que cuando ella lo platicaba decía que fue Dios quien hizo eso, y aunque estoy de acuerdo, eso no quita la admiración que nos deja conocer su historia. En lo profesional logró lo impensable: llevó a un grupo que estaba en último lugar a convertirlo, en un par de meses, en el primer lugar a nivel estado. De verdad es de no creerse, pero es verdad. En lo personal logró tener un matrimonio que, a los ojos de mi abuelita, era el matrimonio perfecto. En lo espiritual, nunca dejaba pasar la oportunidad para compartirle a la gente a su alrededor que Jesús es el único camino para acercarse a Dios y ser salvo. Cuántas veces no les compartió a sus amigas, a sus compañeros, a sus familiares, o incluso a gente que conocía en un viaje. Incluso en este momento, mi mamá sigue hablando, ya que la recordamos insistente diciendo: «Acepta a Jesucristo como tu salvador, porque no hay otro nombre bajo el cielo dado a los hombres en que podamos ser salvos».

El legado de mamá no se cuenta con el dinero o posiciones que tenía; su verdadero legado se cuantifica con el número de vidas que fueron tocadas por su vida. Muchos alumnos becados por ella, muchos alumnos persuadidos a seguir estudiando, muchas alumnas que no se embarazaron gracias a sus consejos de santidad, muchos alumnos que aprendieron y se quedaron con el hábito de bolearse los zapatos. Muchos adultos que ella, sin paga adicional, enseñó en una escuela rural. Muchos alumnos «burros» en los que ella creyó y convirtió 5's en 9's o 10's. Fue apasionada de la vida; no he conocido a alguien con tantas ganas de vivir. Una maestra entregada, que vivió su sueño de ser maestra. Una ferviente cristiana, que desde que conoció al Señor Jesús, su vida fue totalmente transformada, pasando de ser una persona que se levantaba enojada y de mal humor a ser «la persona más amorosa que he conocido», según palabras de una amiga.

Una vida guiada por metas, muchas de ellas muy altas por alcanzar, aunque todas logradas con el tiempo. Nos dejaste varias enseñanzas de vida: cada día es mejor que ayer, bendecidos para bendecir, vivir una vida basada en metas, y nunca apartarse de los caminos del Señor.

Fuiste: una verdadera cristiana, una trabajadora ejemplar, una excelente hija, la mejor mamá del mundo. Te vamos a extrañar cada minuto que no estés con nosotros. A mí me vas a hacer mucha falta y dejas un vacío irreparable. Y aunque me consuela el tener la seguridad de volverte a ver, besarte y abrazarte, la verdad es que una parte importante de mi corazón se murió contigo. Me encantaba hablar contigo y siempre estar bromeando y riéndonos. Te voy a extrañar mucho, mami. Espero verte pronto.

Nos dijiste varias veces que el día que el Señor te tomara, ese iba a ser el día más feliz de tu vida, porque ibas a ver al Señor Jesús cara a cara. Yo sé que en este momento estás experimentando una paz y felicidad plena y completa, y me da mucha alegría saber que finalmente estás con el Señor Jesús y que también estás con papá, quien fue el amor de tu vida. (…) «Estimada es a los ojos de Jehová la muerte de sus santos» (Salmos 116:15-17). Te amo mucho, mami.

OZIEL, HIJO.

«El agradecimiento principal siempre será a mi Dios, porque gracias a Él es que pudimos tener a nuestra mami. Así que te agradezco, mi Dios, por la bella madre que nos diste a mis hermanos y a mí.

Me siento tan orgullosa de los padres que tuve, siempre al pendiente de nosotros. Aun siendo adultos, nunca dejaron de preocuparse por nosotros; y peor aún, ahora éramos nosotros sus hijos, y sus nietos y yerno y nueras. Así eran mis padres, pero sobre todo mi mami; su único pensamiento diario era, en primer lugar, siempre agradar a Dios en lo que hacía y, después, a sus hijos y su familia, siempre pendiente de lo que nos pasaba a cada uno.

La recordaré toda mi vida, hasta que mis ojos se cierren, y trataré de ser, aunque sea un poquito, como fue mi mami. Aunque nunca seré ni el 10 % de lo que ella fue, desearía ser tan generosa como lo fue ella, tan sabia, siempre con sus palabras tan atinadas para cualquier circunstancia.

Sus virtudes eran tantas que no terminaría de describirlas, pero las llevo grabadas en mi corazón y espero poder replicarlas. Simplemente el bello carácter de mi madre, siempre cantando, siempre alegre. Me quedo con todo lo que me enseñó y que espero yo, algún día, poder dejarles también a mis hijos.

Me siento tan orgullosa de todo lo que mi madre logró en su vida, desde salir de la pobreza extrema, porque desde pequeña tuvo metas, y una de ellas era salir de la pobreza, y Dios se lo cumplió. No solo a ella, también a su madre y sus hermanos. Dios le permitió a mi mami ser tan fuerte que trabajó para su familia como si ella fuera la cabeza del hogar; eso solo lo hace una persona por amor puro. Y por último, agradezco a Dios por la vida de mi hermano Oziel, que le puso en su corazón plasmar la vida de mamá, por ser un gran ejemplo para todos».

Lizbeth, hija.

«Dedico estas palabras a mi madre Dorita:

Hola madre, ha pasado ya más de un año que ya no estás conmigo. Cuando fui creciendo y siendo adulto, me doy cuenta de que la vida en verdad pasa demasiado rápido, a diferencia de cuando somos niños, que para que llegara Navidad parecía un tiempo de espera demasiado largo.

Estoy tranquilo desde que Jesús tomó a mi padre primero y después a ti. Es muy sorprendente el matrimonio que ustedes supieron llevar; no es cosa de la casualidad, sino más bien que ustedes decidieron tomar de la mano de Dios su matrimonio, y es por eso que siempre fueron muy felices, unidos y bendecidos en toda su vida de esposos.

Aunque estoy tranquilo por tu partida de este mundo, en verdad no hay ni un solo día en que no piense en ti. Te estoy muy agradecido por todo lo que hiciste por mí, en especial porque yo viví gracias a ti y a mi padre una infancia de oro, demasiado feliz, demasiado especial, llena de enseñanzas, disciplina, bendiciones y de buenos tiempos, que nunca podré olvidar porque son parte de mi vida.

Eres una gran mujer; lo demostraste desde muy pequeña. Siempre estuviste enfocada en lo que querías de tu vida desde temprana edad, y eso es algo invaluable, ya que a tu corta edad ya eras una persona mentalizada y enfocada en tu vida futura. No podría describirte en una sola palabra; son demasiadas las palabras que te caracterizan. Creo que la más importante es que, como tú lo comentabas antes de conocer a Dios en tu niñez y juventud, sé que pasaste una vida muy complicada, pero tú decías que había algo que te sacaba adelante, aun sin saber qué era, quién era o cómo se llamaba. Pero a ti, Dios te escogió y te seleccionó desde que naciste para ser bendición para tu familia, tu madre, tus hermanos, y desde luego, para mí y mis hermanos.

También te agradezco por haber sabido escoger al mejor padre que pude haber tenido; es un hombre piadoso, temeroso y muy obediente a Dios, el mejor padre que Dios me regaló.

Extraño todas tus historias; en verdad, cuando las contabas (señalo que tus historias me las contaste tantas veces), definitivamente tenías el don de saber hablar y captar la atención. Esas vivencias tuyas, yo las imaginaba y aún las imagino. Era sorprendente cómo las platicabas, que hacía que mi mente se trasladara hacia ese lugar o esa época, y era muy placentero escucharlas. Pero más aún, lo más importante, es que siempre tenían un mensaje positivo hacia Dios y la vida.

Soy muy afortunado y bendecido por tenerte como mi madre. Estoy muy orgulloso de ser tu hijo, orgulloso de ser quien fuiste y eres en mi vida, orgulloso de todas las complicaciones que viviste y que superaste, orgulloso de ser la hija que fuiste con mi abuelita y orgulloso de ser la hermana, esposa y madre que fuiste y que eres.

Como una vez te lo comenté en persona, te dije: no hay ni habrá otra mujer en mi vida a la que yo pueda amar más que a ti. Te amo, madre. Gracias por todo, Maestra Dorita».

Josué, hijo.

«Tita siempre estuvo para mí desde que nací. Me enseñó a cómo orar e ir a la iglesia, dejó su vocación para poder cuidarme, verme crecer y enseñarme a estudiar. Me gustaba mucho estar todo el día en su casa porque casi siempre solo estábamos ella y yo. A Tita le gustaba platicar mucho; a mí no, pero me gustaba escucharla. Siempre que tenía algún problema, se lo contaba. Cuando pedía ayuda, siempre era la primera en ayudarme, y en general, toda la gente que la conocía o rodeaba le pedía consejos y ayuda, incluso a mis amigos que iban de paso a la casa, ya que Tita siempre daba mucha plática. Si no podía ayudar, oraba por ellos y siempre se tranquilizaban.

Admiro mucho que ella sola haya hecho todo para salir adelante desde la situación que estaba, pensando en su futuro. Además, estoy muy agradecida con Tita porque gracias a ella estoy donde estoy ahora, por impulsarme a estudiar, a bautizarme y a ser mejor persona en todos los ámbitos».

Merari, nieta.

«Agradezco a Dios la gran oportunidad de conocer a Dora, que fue para mí un testimonio de amor, de entrega y de generosidad. Siempre vive en mi corazón, una gran mujer, madre y hermana, por siempre en mi corazón».

Saida, cuñada.

«A Dora la conocí cuando llegó a la vida de Tirso. Sé que fue una gran mujer, maestra por vocación, una buena hija que cuidó de su madre y protegió a sus hermanos, apoyándolos siempre que la necesitaban. Fue una excelente esposa y maravillosa como madre de familia; educó a sus tres hijos con disciplina y mucho amor. Disfrutó mucho a sus nietos y gozó de la vida con viajes y mil vivencias con su familia. A mis padres los honraba con sus atenciones, y cuando nos visitaba, en mi casa hacía oración para pedir por su salud. Y lo mejor, fue muy feliz con mi hermano

Tirso. Doy gracias a la vida por formar parte de esta historia de amor, entrega y muy bendecida de conocerla».

PATY, CUÑADA.

«Dorita tenía 68 años y en la iglesia habíamos terminado el Discipulado de Equipar Para Servir. Ella había concluido su capacitación de dos años, mostrando perseverancia y entusiasmo en la enseñanza.

Ese domingo, pasó al frente en la iglesia por petición mía, el pastor, y le solicité que, frente a todos, dijera de memoria, con toda precisión, las 65 promesas de Dios para nosotros, y ella, Dorita, lo hizo con toda seguridad y precisión. Siempre, en mis grupos de Discipulado, la menciono a ella y su gran ejemplo de que la edad no es un impedimento para memorizar aquello que en verdad nos interesa. Doy gracias a Dios por las bendiciones que Dorita derramó en muchas personas en vida y aun estando ausente».

VALDEMAR, PASTOR.

«Dora, siempre te recordaré con cariño y alegría, pues aunque fuimos muy diferentes en gustos, logramos unirnos en una hermosa amistad, en la cual cada una siempre defendió sus ideas. Y aunque a veces era imposible entender la forma de pensar de cada una, siempre nos respetamos. Yo sé que me quité mucho como amiga y tú admirabas mi forma de ser, como yo lo hacía contigo. Éramos tan diferentes y, a la vez, tan iguales; teníamos una dualidad que nos llevó, a lo largo de nuestra vida, a ser excelentes amigas.

En los últimos años, por el trabajo, la familia y la distancia, yo tuve que emigrar a los Estados Unidos, pero eso no fue motivo para que nuestra amistad se quedara en el olvido. Siempre recordaré que cada 5 de agosto recibía tu llamada y estoy segura de que allá donde estás, muy cerca de Dios, te seguías acordando de ese día.

Amiga querida, jamás nuestra amistad terminará, pues tú estarás en mi mente y en mi corazón hasta el momento en que Dios me llame. Al llegar, pido al Señor que nos permita reunirnos. Descansa en paz, inolvidable amiga Dora Elia Segura».

Olga Leal, amiga.

«A mi amiga Dora Elia, quien siempre recordaré con mucho cariño por lo que significó para mí y para mi familia, encontré en ella palabras de aliento y apoyo en diferentes situaciones de la vida cotidiana.»

Lupita Grimaldo, amiga.

# Capítulo 15



Dora Elia fue una de esas personas especiales, maravillosas, imprescindibles, con las que nos encontramos, si tenemos suerte, una vez en la vida. Desde su rol de educadora, no solo brindó conocimientos, sino que supo tocar las fibras más profundas del alma de los jóvenes, transmitiéndoles un poco de la luz que la guiaba y compartiéndoles el amor incondicional que ella misma recibió de Dios.

Como un faro en medio de la oscuridad, Dora iluminó las vidas de muchos, comenzando por sus propios hermanos y luego a sus alumnos, sus hijos y sus nietos. A través de su ejemplo, sembró en ellos valores que trascienden el tiempo, demostrando que la verdadera enseñanza va más allá de las palabras; reside en la capacidad de transformar corazones y en la sabiduría que se transmite a quienes nos rodean.

Ella dejó un legado de valores y sabiduría que sigue resonando en las vidas de quienes tuvieron la dicha y el honor de conocerla. Su influencia perdura en el corazón de todos los que alguna vez la conocieron, como un recordatorio de la importancia de la autenticidad y el propósito en un presente en constante cambio.

Siguiendo el pensamiento de esta gran mujer, que siempre miraba hacia el futuro, es momento de hacer una breve reflexión: ¿Qué queda para los más jóvenes en este mundo tan acelerado y vertiginoso, sin guías como la de Dora Elia? Ellos enfrentan hoy no solo la presión de una realidad que les exige éxito instantáneo, sino también la carga de navegar en una sociedad hiperconectada, muchas veces peligrosa, donde la autenticidad y el propósito pueden diluirse en la superficialidad de lo inmediato. Una sociedad en la que antiguos males emergen en formas nuevas. No hace falta más que ver los sitios de fotografías inapropiadas que captan a las jovencitas con promesas de fama, entre otras cosas.

En este contexto, el desafío radica en ofrecer a los jóvenes algo más profundo que meros conocimientos académicos; es crucial equiparlos con herramientas emocionales y espirituales que les permitan no solo encontrar su propio camino en un mundo cada vez más complejo, sino también desarrollar una resiliencia que les sirva de escudo ante las inevitables dificultades de la vida. Enfrentar los altibajos con fortaleza requiere de una preparación que va más allá de lo que se enseña en los libros; necesita de una formación integral que abarque tanto el corazón como la mente.

Es esencial que, al igual que las generaciones anteriores, los jóvenes de hoy puedan recibir la luz y la orientación de quienes han recorrido caminos arduos antes que ellos. La sabiduría acumulada a lo largo del tiempo, transmitida por aquellos que han superado retos inimaginables, debe ser el faro que guíe a las nuevas generaciones, ayudándolas a aplicar esos aprendizajes en los nuevos desafíos que les toca enfrentar. Y más importante: personas como Dora, cuyo ejemplo de vocación es inspiración para otras vocaciones que se creían ocultas. Todas las personas tienen una vocación, un propósito. Dios no nos ha puesto en el mundo porque sí. Él tiene un plan para todos nosotros, y desde el vientre de nuestra madre lo ha escrito.

No bastan los recursos tecnológicos ni las infinitas fuentes de información; se necesitan figuras inspiradoras que sepan moldear el carácter y la voluntad con la misma destreza con la que un escultor trabaja el mármol. Solo así podrán los jóvenes sobrevivir en un entorno tan cambiante y prosperar, floreciendo en un mundo que, aunque distinto al de sus predecesores, sigue necesitando con urgencia corazones valientes y mentes claras para forjar un futuro mejor.

Hacen falta muchas maestras como Dorita, que sepan tomar el barro, esa materia prima llena de potencial, y convertirlo en oro, transformando vidas con su dedicación, paciencia y amor. Dorita, a lo largo de su vida, fue una de esas personas que supieron ver más allá de las apariencias, que comprendieron el valor inherente en cada individuo y trabajaron incansablemente para extraer lo mejor de cada uno. Su legado es una prueba de que, con la guía adecuada, cualquier persona puede alcanzar su máximo potencial, superar las adversidades y convertirse en una fuente de luz para los demás.

Su vida nos demuestra que, aun con todas las carencias materiales e incluso con todo el mundo en contra, solo se necesita tener un corazón dispuesto a decir: «Usa mi vida para tu gloria, Señor Jesús», para que Dios logre con nosotros lo inimaginable y haga a través de nosotros lo inalcanzable, siendo de bendición para muchas personas.

En un mundo que a veces parece falto de rumbo, personas como Dora Elia son más necesarias que nunca, porque son ellas las que, con su sabiduría y ejemplo, tienen el poder de transformar no solo a las personas, sino también a las comunidades y, en última instancia, al mundo entero.

# Capítulo 16



*Todo lo puedo en Cristo que me fortalece.*
Filipenses 4:13

Dios y sus bendiciones a veces se muestran de modos muy ambiguos; otras veces, son obvios. La vida de Dora Elia es una clara muestra no solo de la existencia de Dios, sino de las bendiciones que este da cada día, sin importar qué.

Dora fue, en todo sentido, una mujer intachable. Aunque nació en la pobreza, su corazón era rico en amor y fe, pilares importantes para ella, que siempre le dieron la fortaleza de seguir luchando por su familia y, sobre todo, por su reina, Beatriz. Desde muy joven, comprendió que su propósito en la vida era proporcionar a sus seres queridos un futuro mejor, y para ello, dedicó cada momento de su existencia a trabajar arduamente.

Siguió avanzando por ellos, por sus sueños y por lograr cada una de las metas, no solo propias, sino también en conjunto. Cada día era una nueva oportunidad para demostrar su fortaleza y dedicación, convirtiendo las adversidades en fuerzas motrices que la impulsaban hacia adelante.

A veces, nuestra vida está marcada por sucesos que nos dañan, que nos invitan a retroceder o a rendirnos, o que, de alguna forma, nos hacen renunciar a nuestros sueños. Sin embargo, Dora jamás se dejó llevar por ello, encontrando siempre el camino para obtener lo anhelado. Su capacidad para superar las dificultades y mantenerse firme ante los desafíos fue un ejemplo para todos los que la conocieron.

Trabajando duro para cumplir con las exigencias propias y familiares, Dora demostró que, con determinación y amor, se pueden superar incluso los obstáculos más difíciles. Su espíritu indomable y su voluntad inquebrantable la guiaron a lo largo de su vida, convirtiéndola en un faro de esperanza para su familia.

A pesar de las adversidades, de nacer en la pobreza extrema y tener que ver a su madre trabajando cada día sin descanso, el espíritu de Dora jamás se doblegó. Incapaz de rendirse, desde muy niña trabajó por lograr cada uno de sus sueños y de mantener a su familia tranquila y, sobre todo, unida.

Su fuerza y determinación fueron evidentes desde temprana edad, cuando comenzó a asumir responsabilidades y a trabajar para apoyar a su familia. Cada esfuerzo, cada sacrificio, estaba motivado por su profundo amor y deseo de ver a su familia prosperar. Su capacidad para mantener la esperanza y la fortaleza en los momentos más difíciles es un testimonio de su carácter excepcional.

Encontró el propósito de su vida a muy temprana edad: darle paz a su reina, a su madre, y que su familia no tuviera más carencias. Así lo cumplió, año tras año, trabajando por cada uno de sus hermanos para lograr que todos cumplieran sus sueños.

Su devoción a su madre y a sus hermanos en sus primeros años, y después a su esposo e hijos, fue la fuerza que la impulsó a seguir adelante, sin importar cuán difíciles fueran las circunstancias. Cada logro de sus seres queridos era también un logro para ella, una confirmación de que todos sus esfuerzos valían la pena. Su vida se convirtió en un ejemplo de sacrificio y amor incondicional, mostrando que la verdadera felicidad se encuentra en el bienestar de los que amamos.

Cada desafío era más grande que el anterior, Dora subió una empinada colina desde muy corta edad, trabajando arduamente para superar cualquier obstáculo. Cada experiencia, por más dura que fuese, resultó en su aprendizaje que la volvería más fuerte. Ni siquiera un corazón roto la detuvo. Dora enfrentó cada desafío con una valentía y una determinación inquebrantables, demostrando que el verdadero éxito no se mide por la ausencia de problemas, sino por la capacidad de superarlos. Cada obstáculo vencido era una prueba más de su fortaleza, y cada caída, una oportunidad para levantarse con más fuerza.

Las metas de Dora Elia fueron más grandes que incluso ella misma. Sin embargo, nunca se dejó intimidar por ellas, encontrando la manera de volver diamantes los pedazos de carbón, trabajando incansable, dejando todo su esfuerzo en ello.

Por supuesto, Dora no estaba sola. Su fe inquebrantable en Jesucristo la acompañó como la columna central de su vida. Gracias a Dios, su vida estuvo llena de bendiciones, que le recordaban que, mientras Dios estuviera ahí, todo estaría bien. Cada lucha fue respaldada por Él.

Todo su esfuerzo se vio reflejado en la casita para su madre, en las carreras de sus hermanos y sus hijos, y en la vida junto a Tirso, quien siempre la amó por su gentileza, franqueza y buen corazón.

Una mujer que aprendió de la pérdida, de la soledad y su sacrificio. Que dio su corazón al mundo, trabajando como una intachable maestra que marcó las vidas de todos sus alumnos; dada a los demás, sus enseñanzas fueron más allá de un aula de clases. Usando sus experiencias, enseñó a cada uno desde el corazón, acoplándose a sus métodos de enseñanza únicos y ayudando a cada uno a aprender a su ritmo, sin rendirse.

Su dedicación hacía los alumnos los acompañó no solo en el éxito profesional, sino que los marcó en lo personal, tocando sus corazones y sus mentes. Fue mutuo, por supuesto, porque Dora aprendió de cada momento dentro del salón de clases: en el rancho aprendió sobre el trabajo duro; en las escuelas, sobre la perseverancia; como subdirectora, que la disciplina debe ser implementada.

Dora fue vocación pura, amor infinito por la enseñanza y la excelencia. Dio todo de sí en cada aula que tocó, en cada grado trabajado, y a cada persona educada para que cada uno pudiera lograr cualquier cosa que se propusiera. Fue tanto el cariño que dio en cada aula, que se multiplicó y lo recibió de vuelta, pero un millón de veces más fuerte. Cada estudiante recibió de ella su amor y dedicación, y el agradecimiento por su esfuerzo todavía puede sentirse hoy.

No le importaba mancharse las manos, o darle vueltas una y otra vez al mismo tema para lograr sus metas. Su disciplina le permitió educar, enseñar y guiar a todos a su alrededor, incluso sin darse cuenta.

No solo educó a jóvenes, sino también a adultos. Trabajó sin descanso para que cada persona pudiera aprender, defenderse por sí misma, y pudiera relacionarse con el mundo de mejor manera.

Siempre defensora de la educación, trató que todos sus alumnos lograrán seguir más allá de la educación secundaria. E incluso, si decidían no seguir el mundo académico, los preparaba para una vida llena de trabajo duro y esfuerzo.

Ella, con su fuerza e inalterable espíritu, fue capaz de superar las adversidades por más duras que estas se mostraran. Quien luchó por sus sueños, por su vocación, por lograr cada proyecto planeado para sí y para su familia. Fue una proveedora incansable, una maestra dedicada, una persona amorosa y llena de vida.

Dios la bendijo con gran resiliencia, y con pequeños ángeles que se toparon por su camino sin darse cuenta; entre ellos, su esposo y propios hijos.

Asimismo, las pruebas fueron pequeños regalos de Dios para ella. Él le brindó todas las herramientas para seguir, incluso cuando todo parecía perdido o desaprovechado. Ella supo reconocer cada una de ellas, y trabajó por lograr cualquier meta propuesta.

Por ello, hay que darle gracias al Señor, pues no hubo paso en el que no acompañara a Dora Elia. La ayudó a levantarse en cada caída, la guio por nuevos caminos y le permitió aprender de Él, de su gracia divina, en cada experiencia.

Pero hay alguien más quien merece reconocimiento en esta historia, quien marcó la vida de Dora y quien le dio sus primeras enseñanzas, por quien trabajó inagotable: su reina, Beatriz.

Beatriz fue el primer ejemplo de trabajo duro que tuvo Dora. Una madre que, a pesar de las carencias que tuvo que atravesar, trabajaba incansablemente para que sus hijos lograran todas sus metas. Fue ella quien les enseñó sobre trabajo duro, quien los motivó a estudiar, a aprender y a no rendirse.

La mujer que les dio libertad, les enseñó a ser independientes, que les permitió esforzarse por su cuenta sin olvidar ser agradecidos u olvidar sus raíces, esas que, humildemente, siempre los mantuvo con los pies en la tierra. Incluso si cometían algún error, su amada reina estaría ahí para ayudarlos, con el apoyo de su inquebrantable hija.

Por supuesto, Beatriz no fue una mujer perfecta, cada ser humano comete errores y aprende de ellos, y, a pesar de todo, Dora siempre se sintió comprendida, amada y apoyada por su madre.

Beatriz, también, protegió a Dora de todo mal, la apoyó en sus momentos más duros y se encargó de sanar las heridas que sola no se pueden curar. Fue una madre gentil, dedicada, y el ejemplo perfecto para una mujer como lo fue Dora Elia. Su guía fue lo más importante e inspirador que tuvo Dora, después de, claro, nuestro Señor Jesucristo.

Sin embargo, Dora y Beatriz tenían una conexión especial. Tal vez porque fue su primera hija mujer, o tal vez solo eran sus personalidades, o, a lo mejor, fue una bendición de Dios. Lo que sí puede saberse es que Dora y su reina compartían una complicidad innegable, que le dio la fortaleza a la hija para trabajar y lograr sus metas por su madre.

La mayor inspiración de Dora fue ese amor incondicional a su madre. Es ese amor, esa lealtad, la que movió durante mucho tiempo a la niña con sueños y a la mujer cuyas metas se cumplieron.

Este es el legado que le dan a su familia, mismo que pasa de generación en generación mientras todavía se encuentran con vida: pasó de Beatriz a Dora, de Dora a sus hijos y de sus hijos a sus nietos.

Y, ¿cuál fue ese legado? Aquel del cual hemos estado hablando sin descanso: Dios obrando a través de nosotros; Dios llevándonos a lugares donde nunca ni si quiera soñamos; Dios bendiciéndonos cada día.

Dora es un gran ejemplo de este legado. Su perseverancia, su resiliencia, y su incapacidad de rendirse le permitió lograr sus metas y ayudar a su familia siempre que pudo. No abandonó a nadie, ni siquiera cuando ya cada uno tenía una carrera y una familia; siempre procuró por ellos, dándoles todo de sí misma.

Por ello también es ejemplo de entregarte a otros y los demás, Dora dio todo de sí misma en cada oportunidad. No dejó que su familia sufriera, o que les faltara algo; su vida estuvo marcada por su altruismo, por su sacrificio.

Eso demuestra lo grande que era su corazón, y todo el amor que tenía para darle a los demás. Cumplía una de las mayores enseñanzas de Dios: ama a tu prójimo como a ti mismo. Dora amó y se dedicó a los demás, dio su vida, su vocación a los otros; pavimentó el camino de muchos con sus enseñanzas. Haciendo con ello un legado que merece ser compartido, como lo fue a través de estas páginas.

Hay que agradecer, también, a cada persona que la acompañó en su vida. Todas fueron bendiciones de Dios, que se encargaron de bendecir el camino de Dora. Cada persona que tocó su vida, para bien o para mal, fue una lección que le dio más fortaleza que antes, ayudándola a seguir luchando por sus sueños.

Desde sus amigos durante su época en los ranchos, hasta aquel profesor que la molestaba, todos ellos dieron un poco de sí para Dora, y la ayudaron a cumplir con sus sueños. Toda amistad en su vida fue un regalo de Dios, una bendición que ella aprecó con mucho cariño, agradeciendo al Señor por ponerlos en su camino.

Teresa, Olga, Juan, Luciano, Chuy, el profesor Pedro Pequeño, por nombrar algunos, fueron estrellas que brillaron en el cielo de Dora, regalos de Dios para una mujer tan amable y trabajadora como lo fue ella. Agradeció y devolvió con creces todo el cariño y dedicación de cada uno, demostrando la importancia de la amistad en la vida de las personas, y como cada buen amigo es una bendición que debe ser cuidada y querida.

Los pastores también fueron grandes amigos y apoyo para Dora. El Hermano Rogelio, el Hermano Eliezer, el pastor René Medellín y el pastor Valdemar.

Tirso, un gran esposo y compañero de vida según la propia Dora, fue un amigo sin igual en su momento. Su apoyo le curó el corazón herido a la mujer, permitiéndole amar nuevamente, con intensidad, y cumplir otro sueño: tener una familia siempre llena de cariño, respeto y mucha disciplina.

Quien la conocía, terminaba encantado por esa mujer, por su fortaleza, por todo el cariño y devoción hacía su familia. Gracias a ellos, quienes creyeron en sus sueños y no dudaron de su fuerza, es que ella pudo avanzar.

Gracias a Dios, por pavimentar el camino de Dora. Por dejar en su camino personas buenas, por permitirle tener la oportunidad de cumplir sus sueños, por ayudarla a que su esfuerzo tuviera sus frutos. Por eso y más, Dora siempre creyó y agradeció a Cristo, agradecimiento que hoy se repite: gracias por entregarnos una vida tan inspiradora, Señor, y enseñarnos a través de Dora que el esfuerzo da frutos; claro, siempre yendo de tu mano y obrando por el bienestar de los demás.

Dora no tuvo ningún tipo de facilidad. Empezó desde lo más bajo, trabajando desde niña para llenar a su madre de orgullo. Desde los estudios, donde no se consideraba nada lista, hasta en su vida laboral, Dora no flaqueó ni un segundo. Tampoco descansó. Toda su vida se basó en trabajar, esforzarse, superar cada desafío que tuviera delante.

Y es que todos deberíamos seguir su ejemplo. Aprender de sus memorias, de sus experiencias, y buscar la manera en la que podamos crecer, apoyándonos en nuestra familia y en nuestro Señor Jesucristo.

Debemos agradecer por cada pequeña cosa que Dios comparte con nosotros, desde el sol saliendo un día más como hasta la sonrisa de un extraño, o la oportunidad de retarnos a nosotros mismos. Cada desafío es una muestra de fortaleza, es una prueba que nos pone el Señor para demostrar que podemos, es su forma de comunicarse con nosotros y recordarnos que somos más fuerte de lo que pensamos.

Dora lo demostró todo el tiempo, sin importar qué. Ningún problema parecía demasiado grande y, por abrumador que fuese, la mujer jamás se rindió: ella, acompañada por Dios, fue capaz de superarlo todo. Ella tenía su fortaleza en Él, y con su ayuda, nada es demasiado grande o pequeño. Dios es perfecto y nos regala sus bendiciones en todo momento.

Sin importar lo difícil que sea la vida, mientras no nos rindamos y mantengamos nuestra fe intacta, todo es posible. Las dificultades no son nada para quien más trabaja, se vuelven solo potenciadores de nuestro potencial, invitándonos a trabajar más, a superarnos.

Por eso, insto a las personas a trabajar, a esforzarse cada día, y a luchar por sus metas. Cada pequeño paso que des es un escalón subido. Un reto superado, sin importar lo pequeño que sea, vale más que cualquier cosa. Todos podemos superarnos y crecer, todos podemos cumplir nuestros sueños.

Es la mayor lección que nos deja Dora a través de sus memorias: si ella pudo, nosotros también podemos. Su vida es una prueba viviente de que no importa cuán grandes sean las adversidades, siempre podemos superarlas con determinación y fe.

Hay un futuro grandioso esperándonos, solo debemos luchar por él con la misma intensidad y valentía con la que ella lo hizo. Cada día es una nueva oportunidad para acercarnos a nuestros sueños y convertirlos en realidad, siguiendo el ejemplo de perseverancia y resiliencia que Dora nos dejó.

Maestra de vida, mujer de fortalezas, creyente inquebrantable. Dora fue un ser humano cuyas convicciones jamás se doblegaron. Su fe y sus principios fueron la base sobre la cual construyó su vida, enfrentando cada desafío con una fuerza interior admirable.

Como ella, debemos mantener nuestra fortaleza y darles fuerza a nuestros seres queridos, a nuestros sueños y esperanzas. Al igual que Dora, debemos creer que, apoyados en Jesucristo, todo es posible. Su vida nos enseña que, con fe y determinación, podemos superar cualquier obstáculo y alcanzar nuestras metas.

Pero no podemos dejar que solo Dios se encargue, debemos construir nuestro camino. Ser bondadosos con los demás, siempre justos por las buenas causas y manteniendo un buen espíritu a pesar de todo.

Dora nos mostró que la verdadera grandeza reside en la capacidad de ser generosos y justos, de mantener un corazón bondadoso incluso en las circunstancias más difíciles. Su ejemplo nos inspira a ser mejores personas, a trabajar en conjunto para construir un futuro mejor para todos.

Ni siquiera en la enfermedad, Dora flaqueó. Su fortaleza fue tan grande, y sus ganas de vivir fueron tantas, que Dios la recompensó con más tiempo para estar con sus seres queridos. Y recompensó a sus seres queridos dándoles más tiempo para aprender de esa gran mujer, para compartir su legado. Cada momento adicional fue un regalo, una oportunidad para absorber más de su sabiduría y amor. Su resiliencia ante la adversidad es una lección de vida para todos nosotros.

Que cada desafío sea un aprendizaje para ti, como lo fue para Dora. Que nada te doblegue o te tumbe, que nadie pueda perturbarte. Que logres, querido lector, cualquier cosa que te propongas, siempre siguiendo las lecciones que esta gran mujer dejó para ti a través de sus memorias.

Entrega todo de ti, trabaja duro y nunca olvides tus raíces. Honra a tu madre, a tu padre y tus hermanos; vela por tu familia. No dejes de apoyarte en Dios, y encuentra en sus enseñanzas las herramientas para seguir.

Sé amable, sé bueno. No dejes que las burlas o malos comentarios te desanimen. No dejes que te arranquen tu felicidad, cada pequeño paso es estar cada vez más cerca de tus metas. Si persistes, como Dora lo hizo, lo lograrás.

Sigue adelante, no importa quien intente truncar tus sueños: cada día nuevo es un triunfo disfrazado de oportunidad. Recuerda: nada es imposible para el que cree. Cristo te recompensará por tu fe y tu amabilidad.

Y lo más importante: no olvides ser agradecido. Cada día es una bendición, y cada oportunidad te permitirá avanzar, sin importar si fallas. Agradece a Dios, a tu familia y a la vida misma porque puedes estar un día más aquí.

Gracias, Dora, por darnos una gran lección de vida a todos: nada es imposible para el que trabaja, cree y se apoya en nuestro Señor Jesucristo.

# Epílogo

*3 Y no solo esto, sino que también nos gloriamos en las tribulaciones, sabiendo que la tribulación produce paciencia; 4 y la paciencia, prueba; y la prueba, esperanza.*

ROMANOS 5:3-4

*25 Fuerza y honor son su vestidura;
Y se ríe de lo por venir.
26 Abre su boca con sabiduría,
Y la ley de clemencia está en su lengua.
27 Considera los caminos de su casa,
Y no come el pan de balde.
28 Se levantan sus hijos y la llaman bienaventurada;
Y su marido también la alaba.*

PROVERBIOS 31:25-28

*Y me ha dicho: Bástate mi gracia; porque mi poder se perfecciona en la debilidad. Por tanto, de buena gana me gloriaré más bien en mis debilidades, para que repose sobre mí el poder de Cristo.*

2 CORINTIOS 12:9

Si algo pudiera definir a Dora, sería la palabra «superación», pues la misma la puedes encontrar en cada ámbito de su vida. Su vida estuvo marcada por la lucha y la determinación, por la voluntad de superar cualquier obstáculo que se interpusiera en su camino.

Con respecto a su carrera, a pesar de ser una alumna, en sus propias palabras, «burrita», eso jamás la detuvo; trabajó incansable hasta lograr superar los obstáculos, y se convirtió en una gran maestra, ganadora de premios en competencias académicas y reconocimientos, marcando su carrera profesional como una muestra de excelencia y gran trabajo. Sus logros académicos fueron un testimonio de su dedicación y su capacidad para superar las expectativas.

Pero su verdadero éxito era formar ciudadanos de bien, futuros profesionales y personas íntegras. Su objetivo no era solo impartir conocimientos académicos, sino también formar personas con valores y principios sólidos. No solo enseñó los números y gramática, sino que también les mostró y enseñó la importancia de los valores, la responsabilidad y el amor por el prójimo.

Dora no solo rompió las barreras del aula, sino que extendió todas sus enseñanzas a la vida misma, demostrando que la educación va más allá de los libros y las paredes de un salón de clases. Su vida fue una lección continua de amor, compromiso y dedicación hacia los demás, enseñando con su ejemplo que la verdadera educación es aquella que prepara para la vida y no solo para los exámenes.

Inspiró a los jóvenes para que no abandonaran sus sueños, alentándolos a seguir adelante y a no rendirse ante las dificultades.

Como maestra, fue una mujer firme pero muy cariñosa, capaz de inspirar respeto y admiración en todos aquellos que la conocieron. Para muchos, fue el primer ejemplo de confianza, la primera persona que creyó en ellos y les mostró que podían alcanzar sus metas.

Fue una guía constante, desafiándolos a mejorar, acompañándolos en su viaje hacia el conocimiento y el descubrimiento de quiénes son como individuos. En cada clase, en cada lección, Dora dejaba una huella imborrable en sus alumnos, mostrándoles que el verdadero aprendizaje va más allá de las notas y los exámenes.

A medida que los estudiantes la conocían más, su papel de maestra cambiaba y se transformaba. No solo era una educadora, sino también una consejera, mentora y, muchas veces, un soporte emocional para aquellos que necesitaban orientación. Dora se preocupaba profundamente por el bienestar de sus alumnos, y su dedicación iba más allá del aula.

La llama que dejó en cada persona conocida no se puede negar, y tampoco se va a extinguir: mientras alguien recuerde y replique las enseñanzas de esta gran maestra, el mañana siempre será prometedor. Porque para Dora, la vida era un regalo divino dado a nosotros por nuestro Señor, y una oportunidad para servir a los demás y retribuir ese gran obsequio. Su relación con Dios era su refugio, una conexión que alimentaba su espíritu y le daba el impulso necesario para seguir adelante.

Dora fue, en todos los sentidos, una persona buena, amable y servicial, una presencia cálida y amorosa en la vida de quienes la rodeaban. Su bondad y su disposición para ayudar siempre dejaban una impresión duradera en todos los que tenían la suerte de conocerla. Su vida fue un ejemplo constante de cómo una sola persona puede impactar positivamente a muchas otras con acciones de amor y bondad.

Como madre y esposa, brindó amor a sus hijos y acompañó a su amado esposo en la alegría y en la prueba. Cada día se esforzaba por ser un pilar de fortaleza y apoyo para su familia, creando un hogar lleno de amor y comprensión. Tirso y Dora fueron el epítome del compromiso, la comprensión y el amor.

Su relación fue un ejemplo para todos, mostrando que, con dedicación y amor, cualquier obstáculo puede ser superado. En cada desafío que enfrentaron, se mantuvieron unidos, demostrando que el verdadero amor puede resistir cualquier adversidad.

Sin importar los problemas que se presentasen ante ellos, o las discusiones que pudiesen tener, fueron un matrimonio ejemplar donde el amor y el respeto jamás faltó. Tirso cuidó de Dora con cariño, sanando un corazón que él no había herido y mostrándole que es posible amar otra vez. En cada gesto, en cada acto de cariño, Tirso mostraba un amor profundo y sincero. Dora, por su parte, le dio a Tirso una familia hermosa, su apoyo incondicional y un par de discusiones por ahorrar dinero para su futuro. A pesar de las pequeñas diferencias, siempre encontraron la manera de resolverlas con amor y comprensión.

Como madre, siguiendo el ejemplo de su reina, les dio toda la motivación para trabajar duro y los educó bajo buenos valores, amor a Dios y mucho, pero mucho amor al prójimo. Cada lección que impartió estaba llena de sabiduría y amor, guiando a sus hijos por el camino correcto.

Los profesionales que son hoy y las personas de bien que siempre fueron, es gracias al ejemplo de sus amados padres. Los valores, la fe y el amor que profesan a su familia, es la huella de Tirso y de Dora, quienes les dieron a sus hijos un legado donde la bondad reina sobre todas las cosas. Este legado se refleja en cada éxito, en cada acto de bondad y en cada momento de fe que sus hijos muestran en sus vidas.

Como sierva de Dios, Dora Elia fue generosa y abnegada, miembro activo de su comunidad, gran consejera. En su fe, encontró una fuente inagotable de fuerza. Su relación con Dios no era superficial; era profunda, personal y cotidiana. Cada decisión importante, cada reto que la vida le trajo, lo enfrentó con una oración y una fe inquebrantable en el poder del Señor. Según la propia Dora Elia, su vida era un instrumento en manos de Dios, y su mayor deseo era que Él usara su vida para su gloria.

Su altruismo es evidente desde muy joven, sacrificándose constantemente por su familia. Cada renuncia personal, por muy dura que pareciera, solo fortalecía su espíritu, incitándole a seguir labrando su camino un paso a la vez, día a día, hasta lograr su mayor sueño: que su madre no tenga que trabajar nuevamente y pueda salir de la pobreza. Para ella, el sacrificio no era una carga, sino una muestra del gran amor que sentía hacia su familia.

Su vida representa el testimonio de que el sacrificio, cuando está impulsado por el amor genuino y desinteresado, deja de ser un peso y se convierte en una expresión suprema de virtud, una virtud que Dora transmitía en cada gesto y en cada día. Con paciencia y valentía, dedicó sus días a los demás, transformando cada sacrificio en un acto de amor verdadero.

Dora Elia fue una madre amorosa, una esposa comprensiva, una hermana solidaria, una hija abnegada, una amiga fiel y una creyente devota. Dora mostraba un cariño inagotable que llenaba el corazón de quienes estaban cerca de ella. Fue una guía, un apoyo y una fuente de consuelo.

Para Dora, su familia era su mundo entero, su refugio y su mayor motivación. Cada triunfo de sus hijos lo vivía como una victoria personal, y cada logro familiar era una bendición que agradecía al Señor.

Dora Elia ha partido con el Señor, pero su presencia sigue viva en los corazones de quienes tuvieron el privilegio de compartir con ella, de conocer su historia y de descubrir a la gran mujer que estaba detrás de cada sonrisa y gesto amable.

Ella fue y seguirá siendo una inspiración para todos los que la conocieron, un ejemplo de fortaleza y bondad. Su legado vive en cada uno de los recuerdos que sus seres queridos atesoran, en las enseñanzas que dejó y en la manera en que tocó la vida de todos. Ahora, su recuerdo vive en sus hijos, en sus nietos y en cada persona a la que alguna vez ayudó o acompañó.

El epílogo de su historia no es un final, sino el comienzo de su legado. Este legado, lleno de amor, sacrificio y perseverancia, sigue inspirando a todos aquellos que la recuerdan. Su influencia y sus enseñanzas han dejado una huella indeleble en todo quien la conoció. En cada alumno que sigue sus pasos, en cada hijo que lleva consigo sus enseñanzas, y en cada vida que tocó con su bondad y su fuerza, se siente su presencia.

Damos gracias a Dios por su ejemplo y su dedicación, por el cariño y todos los corazones que tocó a través de su trabajo, de su vida entera, siendo una mujer íntegra, trabajadora y una madre maravillosa. Su vida fue una constante demostración de amor y esfuerzo, tocando vidas no solo en su círculo familiar, sino también en su comunidad y más allá. Su dedicación no conocía límites, y su amor y bondad fueron un faro de luz para todos aquellos que tuvieron la fortuna de conocerla.

Gracias, madre. Gracias por compartir tu vida con nosotros, por darnos la oportunidad aprender de ti, amarte y admirarte.

Este libro, tu libro, es un pequeño homenaje a tu huella. Es una muestra de la increíble vida que llevaste y de la mujer increíble que fuiste. Que esto sea evidencia de tu esfuerzo y dedicación, de tu trabajo duro.

Que sea una muestra de que todo se puede lograr sin importar de dónde vengas; con esfuerzo, la luz brilla al final del túnel.

Gracias por todo.

Con cariño, y esperando el día que podamos nuevamente estar juntos:

LIZBETH, JOSUÉ Y OZIEL.

Gracias Señor Jesús por darnos la bendición de haber tenido a ella por madre, por abuela.

¡Que toda la hora, la gloria y la adoración sean para el Señor Jesucristo!